石牟礼道子

無常の使い

藤原書店

無常の使い　目次

無常の使い

装丁・作間順子

無常の使い――序にかえて

五〇年くらい前までわたしの村では、人が死ぬと『無常の使い』というものに立ってもらった。必ず二人組で、衣服を改め、死者の縁者の家へ歩いて行ったものである。

たとえば、その縁家が、水俣の隣の津奈木村であったとする。そこへ行くのが、三里だとすれば、わらじの履き替えを三足用意した。おろしたての高下駄《たかげた》なら歯がすり切れて、草履のようになったとは、靴になってからの思い出話だった。

「今日は水俣から無常のお使いにあがりました。お宅のご親戚の誰それさんが、今朝方、お果てになりました。お葬式は何時ごろでございます」口上の言葉はおろそかにしてはならず、死んだとはいわない。「お果てになりました」とか「仏さまになられました」という。

使いを受けた家では、これも丁重に、お帰りのお足元は大丈夫ですか、とねぎらった。

無常の使者は一組でなくて、何組も出発させねばならない。その人たちが帰ってきて、行った先の人たちが何時ごろ来るかを確かめて、葬儀の準備を整えていた。

＊　＊　＊

死者を出した村落では、男も女も仕事を休み、男たちは墓穴を掘り、棺を作り、棺に飾る造花作りなどをする。それぞれ得意な技があって、ここぞとばかり打ち込んで仕上げるから、死者の思い出話などをしながら、入念に葬儀の分担は整えられた。

花束は葬儀の時に、村の子どもたちに持たせる。花を持った子どもたちが葬列の先頭に立つのである。女の人たちは、葬儀に参加する全員の食事を作る。食事時になると村の子どもたち全員を集めて、『無常のごちそう』をふるまった。

そこには経験豊富な老婆たちがいて、炊き上げるご飯の量、お煮しめや、お精進のおみおつけ、漬けもの、お米から臼で粉にしてついて仕上げ、新仏様に供えるお団子など、あらゆる目配りをして、隅々まで滞らぬよう、采配をした。

その全体のにぎわいを今考えると、無常の日はハレの日でもあった。一人の死者に子どもたちまで花を持って寄りそうことによって、その日がハレの日になるという不思議さ。

人々の話題はおのずから、在りし日の故人の思い出話でにぎわうわけだけれども、死者の家族だけでなくて、村の共同体すべてが故人の思い出を持っていた時代がここにあった。

個々の人生はひとしなみではないが、その葬儀に参加することで、人々はやがて来るべき自分の死をも思いの中に入れて、つかの間なりと生死《しょうじ》の共同体を共にしていたと思われる。

死者たちは生者たちに、おのが生命の終わりを餞《はなむけ》に残して逝くのである。葬儀はその絆を形にしたものだった。人生の絆というものが、このように結ばれていた実感が今、急速に失われている。現世だけの絆に、荒廃の陰りが見えてきたのは、死者たちとの思い出をなくしたからではなかろうか。

＊　＊　＊

たとえばわたしの場合は、小学校二年のときに、水俣の町中から水俣川河口の荒神という渚に移った。移って間もなくの夜、高潮があり、寝ていたわたしは畳の上で波間に揺られていた。下駄も靴も、お仏壇もノートも鍋やかまども浮かんでいた。隣の家ではちょうどお婆さんが亡くなっていて、高潮が来る前はお通夜であった。

「仏様を流すなよ」とさけぶ声を聞いた。翌日、人々は喪服の裾をからげ、裸足の葬儀が行われた。棺はどこの家で作ったのだろう。

　このお婆さんから、わたしはウニや貝の取り方を教えてもらっていた。男ことばを使う無愛想な人で、「こら、カゴ持ってけえ」と叱るようにいって磯に連れてゆくのであった。

村々が自分たちで葬儀を行わなくなり、葬儀屋さんにゆだねるようになって久しい。無常の使いももう、すっかり死語になってしまった。

荒畑寒村（一八八七―一九八一）

荒畑寒村（あらはた・かんそん）

1887-1981　神奈川県生まれ。幸徳秋水らの反戦・社会主義思想に共鳴し、1904年平民社に入り堺の指導で横浜平民結社を創立。『平民新聞』等の記者・編集者をする。08年「赤旗事件」で入獄。出獄後大杉栄と『近代思想』創刊。20年日本社会主義同盟に参加。日本共産党創立に参加、その後離党。27年山川均らと『労農』を創刊。37年人民戦線事件で検挙。戦後は労働組合運動再建に奔走。46年から48年まで日本社会党の衆議院議員。51年社会主義協会に参加、間もなく脱会。

死んだ先生に電話をかける

その時わたしはお寺にいた。朝日とNHKの人からこもごも、

「残念なお知らせですが」

と電話がかかった。わたしは暫くの間、変てこな感じにおちいった。ここ四、五年、寒村先生の死は予想されていて慌てないつもりでいた。ところが電話がかかった途端に心理の失調が起こった。あの世からもこの世からも絶ち切れた鎖の輪がひとつ、闇の宙に浮いて口の形になり、パクパク動いているのが自分だと、インタビューを受けている間じゅう感ぜられた。

ここ三〇年近く、肉親を含めて、常の人よりたぶん沢山の異常死を看取り続けている。魂は死者の方へ、現身はまだ生者の方に属していて、生者と死者の間にあって何事かを誦している日常なので、寒村先生もやがてこちらの方に来られる、とでも思っていたのであろうか。

皆さんからとても大切にされていらしても、居られる場所が刻々と小さく狭まって消えてゆき、名残を求めて戸惑うていられる御姿はいたましかった。そのようになってゆく人間の、最期の哀憐きわまる時、お側にいてまざまざと看取られた方々に、死者はもっともがんぜない魂となって寄り添うのではあるまいか。瀬戸内さんや寒村会の方々や、姪御さん御夫婦が、その時のお役目をなされたのであろう、と思いながらふいに涙が出た。

その夜はお寺で勉強会を予定していた。勉強会の後はお茶やお酒になるときもある。やめるわけにゆかぬので、後の分を遠慮して、わたしはお通夜をしますからと、ご住職に申し込んだ。

その夜の勉強は印象深かった。講師は、この世には勉強が好きで知的に上昇したくてならない人間と、それの要らない人間に分かれているが、近代思想を考えるには後者の存在を読み解かねばわかってこないと前置きして、西村望という作家の『鬼畜』という小説を出してテーマとされた。

主人公はもちろん後者の、原像のような人物である。山の樹や草や、風の気配にひたされていればそれだけで自足するような人間を、近代社会は引きずり出さずにはおかない。主人公は、そちら側がいやで軍隊を脱走したりするが、最後には山狩りまでされる罪人になり、死刑に招かれるように、六人もの人間を惨殺してしまう。そんな内容だった。

わたしは『寒村自伝』の中でもっとも強い印象をもった二人の囚人を思い浮かべた。千葉監獄での情景である。

――「母親の名を知らないって？　じゃあお前はオッカさんを、いつもなんて呼んでゐたんだ」

「オッカア、オッカアって言ってました」

ひと口浄瑠璃と親の名を知らぬ者はないとさえいわれる。その親の名を知らぬ人間！　母親をオッカアと呼んで暮らして来た人間！

隣で調べられ看守長に笑われているその囚人を、若き日の寒村氏は、おかしがるより哀れを感じたと書きとめている。いまひとりは、寒村氏たち政治犯の入浴場に、「虫の這うようにノロノロと」看守に付き添われて来た囚人である。

――土気色をした頰はやせこけて、眼や鼻のわきは藍を塗ったやうな黒い線に刻まれてゐる。……ギョロギョロ光る眼はあてもなくさ迷ってゐた。……両手を手錠でしっかり幅の広いズックの帯にくくりつけられ、帯からはさらに足を伝わって二条の鎖が垂れ、踝にはまってゐる環を通って二個の大きな鉄の玉をひきずってゐる――。

明治の青年である寒村氏が、知と行動の人間になってゆく過程と、『寒村自伝』の中の四人の姿は、系譜において重ならないが、重層的で織り目の深い『寒村自伝』が、その死の知らせと共に歴史の緞帳《どんちょう》のようにゆらめくのを感じながら、わたしはお御堂に入った。するとご住職以下、若い人たちも茶話会を止めて這入って来て、正信偈《げ》のお経が始まった。

東京チッソ本社に坐りこみをしていた頃、若者たちが寒村先生のことを

「寒村さんのおじいちゃん」と呼んで敬慕していた。今は成人したかの若者たちは、今どこどこにいて、懐しい人の訃を聞いていることか、お寺の人たちもまた、私が転がり込んだために水俣に関わって下さっているが、初期の運動の頃よりは層の異なる方々である。従って、寒村先生とは面識のない人びとがお通夜に加わって下さるのである。

ご生前について話そうとしたけれども、わたしの下手なお経に、専門のお経でつきあって下さる方々に、しいてお話ししなくともよい気になった。それに、死刑に招き寄せられる人間の話を聴いたばかりである。お経は、そんな雰囲気に似合っているように感ぜられた。熊本市内には、初期からの運動の仲間たちもいるのだけれど、お通夜は私ひとりの心であるので声をかけない。お通夜を運動の行事のようにやるのもいやだった。それぞれの想いを大切にする集団なのである。ＮＨＫの人に、「寒村さんは、女の人がお好きでしたし、瀬戸内さんがあれほどお尽くしになられて、せめておしあわせだったかも」と言ったこと、聴視者に聞かれたら、説明不足ではなかったかと思うが仕方がない。言ってしまったのだから。

お寺の人びとをあまり長くつき合わせてもと思い、出して下さったお酒を三口くらい頂いて自分の部屋にとじこもったが、わたしは奇妙なことを始めた。

（寒村先生に電話をかけてみようかしら）

と思いついたのである。ダイヤルを廻す。誰も出ない。また廻す、誰も出ない。耳を澄ます。二〇回、三〇回、答えのない発信音を聴いている。

（まあほんとうに誰も出ない……二月中旬には東京に居たのに、どうして電話なりとしなかったろう。東京にいて、帰ったら先生の好きな晩白柚《ばんぺいゆ》を送ろうと思っていて、帰り着いて、その実のうちの、これをと思って指ではじいたりしたのに、孝行をしたいときには親はなしって、これだな……)

誰も聴いていない受話器にむかって、わたしは、ひとり言をいっている自分を発見した。

(死ぬっていうのはほんとに大へん……。先生、ひとりで死ぬの、大へんだったでしょう。人間、死刑にならなくっても、ひとりでしか死ねないから……)

止めようと思うのに、足が電話のところに行き、手が受話器をとり、口がそういうのであった。そのようにながい間、立ったり坐ったりしていて、わたしは漸くあの、闇の中にひきちぎられて浮いている鎖の輪、口のようなもの、という変な感じからまぬがれ、いつものあの、生者と死者のあい中《なか》に、居場所を見つけ出したようだった。

岩波文庫『寒村自伝　上巻』冒頭にある写真〔一五頁〕は、半ば幽界をのぞいているような、じつによい肖像である。まだ生きていられる頃、時々このような表情をされるお顔を見た。

先生が大逆事件に巻き込まれず、大杉栄のように殺されもせず、生き残られたのは何の機縁によるのであろうか。権力側の恣意であったといえばそれまでだけれど、菅野須賀子が、「断頭台に上る最後の際までも寒村の健康を祈っていると伝えて下さい」と伝えたことなど考えると、激烈な気性を持ちながら、この人には兇々しいものが避けて通るような、天性うららかなものが具わっていたような気がする。監獄の外を通る若者たちの唄を聞いて、「あ、コリャコリャ」という囃子が口をついて出るような人である。

けれども先の写真を見ればまた、天の愛子《まなご》のような性質ゆえに、歴史の動く時の渦に、度々われから身を投じながら、物理的な遠心分離の作用が働いていた気がする。そのような渦巻きを客観として見ざるをえなかった人のまなざしの、なんと深いことかと思いもする。

水俣のわがあばら屋に見えられた時、母が、ちょうど『アサヒグラフ』の表紙となった写真をほめて、

「よかお顔であんなはりますなあ」

といった。すると寒村先生は、つまらなそうに下を向き、はじらいを含んで呟かれた。

「あんな皺くちゃになっちまって」

わたしは男の色気も灰になるまでかもしれぬと一驚したものだった。

一九七五年の暮れに、先生に付き添っていた朝日の高瀬さんからお呼び出しがかかった。

大分の湯布院に来ていらっしゃるから、出てこないか、というご案内で

ある。行かないわけにはゆかない。雪が降っていて、ことにも寒い湯布院であった。高瀬さんは付き添ってお風呂の世話、食事の世話、口述筆記のお世話をなさっている。男手では大へんと思われたが、お仕事ぶりをながめていたら、その付き添いは、男の腕力でなければ、どうしようもないように思われた。

このような方々がいて、たぶん最晩年の著作はなったのであろう。

お宿の人が色紙と筆を持って来て、ひどくごきげんを損ねられたことがある。気の毒だったが、「こんな筆で書けるか」とおっしゃったのである。一度ごきげんが悪くなると、上手にご自分をあやされる、ということの出来ぬ方のようであった。

島原にお連れする約束をしていたのに、果たせなかった。人は空しい約束をするものである。

細川一

（一九〇一―一九七〇）

細川一（ほそかわ・はじめ）

1901-1970　愛媛県生まれ。1927年東京帝国大学医学部卒業。36年日本窒素肥料株式会社入社。41年水俣工場附属病院長に就任。56年5月1日「原因不明の中枢神経疾患の発生」を水俣保健所に報告（水俣病公式発見）。59年10月実験で原因が工場廃液と確信（猫400号実験）。62年新日窒退職。65年に新潟水俣病研究チームの一員となり現地調査に参加。70年東京がん研究病院に入院中も水俣病裁判の証人として臨床尋問を受け隠蔽されていた猫400号実験について証言した。

わがじゃがたら文より

そのとき、詩経を書いていました。

生き残るひとびとへむけて書く遺文。

死んだひとびとへむけて綴る、じゃがたら文。それよりも、じぶんの闇の中に入ってゆくためのじぶんのためにだけ誦唱する詩経を。

そのようなものしか、書き綴れなくなったわたくしのいる世界は、なんと名づけるべき世界なのか。

細川先生が、息をひきとられたと電話があったとき、先生がおなつかしいというより自分の奈落がなつかしく、生き恥さらしている恥の錘《おも》りで、沈め沈めと、心のうちで呟きました。

生死のあわいにあればなつかしく候
みなみなまぼろしのえにしなり

生死のあわいの内と外は、生か、死です。そのあわいの闇の中までは、たしかにわたくしは近づきました。水俣病という運命共同体の中で。さらにわたくしも沈むでしょう先生、すこしずつ。

おん身の勤行《ごんぎょう》に殉ずるにあらず、ひとえにわたくしのかなしみに殉ずるにあれば、道行のえにしはまぼろし深くして一期の闇の中なりし。

鐘が、ひとつ鳴って、さしかかる道行、というのが好きだというひとがいました。

わたくしの死者たちは、たれとともに道行をしえたのでしょうか。そして先生は……。

あのひとたちの、死にぎわのまぼろしを、ぜんぶ、見終えたい、と、わたくしはこいねがっています。おそらく、この世のものではない美学です。

この世とはついにしてわが世なり
ひとりのきわみの世と知り申し候

生きながら、このような言葉を吐くとは、不遜なことです。不遜ではありましても、先生の晩年の孤独をおもいます。先生の孤独は、患者たちの魂と通じていました。わたくしのようなものの魂にさえも。先生の孤独によって、たぶんわたくしどもは、救われていました。

「ほらね、ちょっとお手を借して下さい。ぼくのガンは、こんなにほら、どんどん、どんどん、大きくなってゆくのですよ、毎日。わかるでしょう、この骨の下です。わかりますか」

青い光の失せない大きな目で、じっとみあげて、先生は、ベッドの上から、そのようにいわれ、わたくしは、だまってうなづきました。

胸の骨の上にうすい、浄らかな皮膚と肉。ガンは、先生のお胸の中によくなじみ、先生と一体になっているようでした。熱をもち、ベットリと汗ばんで。

そのときわたくしの手は、先生の手にあずけられているこわれた聴診器のようなものでした。

今生のわかれ、とは、いまこのような刻をいうのだ、とわたくしは、お熱のためにふるえているうすい、ほそい、先生のお掌の中の、じぶんの手でおもっていました。

それは非常に軽く軽く、宇宙の一点に、静止していた、聖なる時間でした。

五月のはじめの、黄昏でした。奥さまは、松山からの飛行機の都合で、東京の癌研の附属病院に入院されるため上京される先生にご同伴なさることができず、令嬢のお婿さんの井上氏が、言葉すくなく、しんしんとした目つきをして、付き添っていられました。

先生のいられる学士会館に案内してくれたA青年は、東京生まれの東京育ちの、新聞記者なのに、すぐになんべんも道に迷い、迷いぐせのあるわたくしが、もうろうとなっているのには、とてもふさわしい、よい道連れでした。

東京の、鉄板でできた道の上を、わたくしは、幾日も歩きまわりました。ポン、ポンと穴のほげつづけている〈舗道〉の上を。夕暮れにも、白昼も、夜中にも、夜あけにも。

五月の、〈東京行動〉がそれにつづいていました。

まずはじめに、患者さん達に〈坐り込み〉に出てきてもらったり、それをむかえ入れて下さりそうな、しかるべき人びとに逢いにも行きました。〈水俣病補償処理〉てんまつ、は、そのようなことからはじまり、そしてすぎさりました。わたくしは、ふたたび、夢中遊行の続きで、先生に、おめにかかりにゆきました。裁判のための証言のおねがいなど、わたくしの方が限界をこえた耐えがたさでした。

先生のおん目は、ますます大きく澄み、つよいかがやきを放っていました。

静かに、呼吸をしずめるようにして、先生は話されました。二度目のおわかれのときも。

「――あの子どもたち……ずいぶん大きくなったでしょうね。どうしていますかしら……」

あの子たちとは、先生のノートのカルテの中に、生き残っている、胎児性水俣病の子たちのことなのです。

――元気にしています――

といいえば、そらぞらしい。すぐに先生は気がつかれ、涙が、仰臥されている目にふくらみました。

「おおきく、なりました」

わたくしは、そのように、申しあげました。

江郷下和子（五）江郷下一美（一一）松永久美子（五）坂本まゆみ（二）田中静子（五）田中実子（二）丸目修（八）石原和平（一四）中間照子（一七）江郷下マス（四四）前島留次（四四）柳迫直記（四九）武田はぎの（四二）長島辰次郎（五一）川上タマノ（四一）吉永タカエ（一七）………

昭和三十一年八月、第一回厚生省への報告書のカルテに記入されている患者三四名のうちすでに死亡していたもの、一三名。江郷下和子死亡、田中静子死亡、坂本まゆみ死亡、柳迫直記死亡、武田はぎの死亡、長島辰次郎死亡。

いかような死と、生のすがたであるか、たぶん、まなうらに灼きついているにちがいない。

ご自分の死に、先生は、なじもうとされていました。

「――私はね、ひとりで、ガンと、むきあおうと、おもいましてね。家内に知らせますと、かなしみますからね。最初隠しておりました。そしたら、ぼくの頭脳が、じつにきれいに冴えてきまして、あんなこと、ぼく、びっくりしましたねえ。

ほんとうに、ぼくのあたまに、冴え渡る時期が、はじめて訪れまして。やっぱり、一生に一度は、そのような時期が訪れるのですねえ。本をたくさん読みましたよ。きれいに、みんな、はいるのですよ、いろいろなことがよくわかった。学生の時も、あんなこと、なかったなあ、しあわせでしたよ。よく勉強した。あなたの本もよく読めましたよ。

あなた、ほんとうに、つらいですねえ――ぼくはもう、助けてあげられません。

かんじんのとき、皆さんのお役に立てなくて、ふがいないです。チッソはしかし、このままでは、助からないなあ。ぼくは、ほんとうに、不思議でなりません。どうしてでしょうか。あんなにがんばって。罪がないなど と……早く、悔いあらためなければ……」

ごりんじゅうの電話をきいたとき、わたくしは浜元フミヨ家にいました。東プロが撮りためている「水俣——患者さんとその世界」のラッシュをそのとき彼女の家で、みていました。黒白の映像になってみればみたこともないような、あえかな水俣の海が、再現されつつありました。細川先生に、このうつくしい水俣を、ひとめ、みせてさしあげたかったのですけれど、先生、先生、さびしいです……とおもい、体がずんずん冷えてゆくのみです。

われのいまわも鳥のごとく地を這う虫のごとくなり

いまひとたび、にんげんに生まるるべしや
生類のみやこはいずくなりや

そのような詩の文言はまだ未完でいて、その日わたくしは自分の死旗《しに》をつくりました。

〈水俣病死民会議〉という、風にやさしく吹き流れる黒い布です。あんまり急いで、書体がねむっていたので、つくりなおさねばなりません。

仲宗根政善（一九〇七―一九九五）

仲宗根政善（なかそね・せいぜん）

1907-1995　沖縄県生まれ。琉球大学名誉教授。東京大学文学部で橋本進吉らに国語学を学ぶ。沖縄県立第三中学校教諭となり十数年間琉球方言資料を収集するが、沖縄戦で失う。1950年代に入り琉球方言研究を再開。国立国語研究所の地方研究員として宮古、八重山諸島を含む60箇所以上の方言を調査し、『日本言語地図』作成に協力。83年故郷の今帰仁村与那嶺方言研究の集大成である『沖縄今帰仁方言辞典』を完成させ、戦後の琉球方言研究の発展の基礎を築いた。

前世の出逢い

何気なく新聞を見やったところ、和服姿のひときわ端正な男性の写真が、黒枠で囲んでありました。

目の弱いわたしには、目鼻立ちはよくわかりません。何と全体像の美しい男性か、どなただろうと、拡大鏡を手にとって愕然といたしました。仲宗根先生の御逝去の記事でした。

あとにもさきにもただ一度、おめにかかったのは久高島でのことでしたが、あれははたして現実のことだったかと、今でも思うくらい、不思議でありえない出逢いでした。そのことの精細は、いままだ述べがたい思いがいたします。

そのことは、まだ復活しないイザイホウの神事と、わたしの中では関わっている気がしています。そこに居るだけで人格の光を感じる人に、わたしははじめて接したのでした。その方がどなたかも知らずに。あとで仲宗根先生と知り、お話も交したのですが、先生が『おもろ』の研究会をなさっていると聞いて、どんなにか行きたく思ったことでしょう。

もし私に日本人としての前世があったとしたら、記憶をまだちゃんととり戻せないある時期に、わたしは久高あたりの海辺にいたのではないか、という想いがいつもあります。仲宗根先生や仲松先生をいつかお訪ねして、いろいろお話を伺うことができたら、その場所にたどりつけるのではないか、と考えたりしていたのでした。歴史の波濤に洗われて、万物が珊瑚礁の輪からゆらめき出るような地上に、そういう場所があるのではないかと思っておりました。

　そういう前世のいつかに知りあっていた方々の面ざしを、わたしは仲宗根先生とそのまわりの方々に重ねて、今も想像しております。あのおだやかな笑顔には、深い悲しみから来た苦味がかくされていて、なにかわたしを踏みとどまらせるものがあります。おのれの足許の地面を掘れと命じるものがあります。自分の掘った井戸にうつる星をみよ、その星こそが想う人たちの面影であると、教えられるものがあります。

　沖縄はまことに遠うございます。先生の声音をおりおり思い浮かべながら、最後のイザイホウに立ち合わせてもらったときのことを、いつかちゃんと書こうと思っています。日本の近代の対極にあるものを考えるために。亡き先生に読んでいただければ、どんなにか嬉しいでしょうに。

白川静（一九一〇—二〇〇六）

Photo by Ichige Minoru

白川静（しらかわ・しずか）

1910-2006　福井県生まれ。立命館大学名誉教授、名誉館友。1962年、博士論文「興の研究」により文学博士号を取得（京都大学）。草創期の漢字の成り立ちの背景に宗教的、呪術的なものがあったと主張、古代漢字研究の第一人者として知られる。そのライフワークの成果が字書三部作『字統』『字訓』『字通』である。幅広い読者を対象とした漢字字典『常用字解』『人名字解』、インタビュー・対談などを収録した『回思九十年』『桂東雑記』など。

先生は生きておられる

いつかはこのような日が来るであろうとわかっていたが、白川静先生だけは、お亡くなりにならないときめていたふしがある。先生を敬慕していた人たちは皆、そのように念じていたのではあるまいか。

お手紙の束をとり出して眺めている。格調高い文字である。厖大な古代中国の基礎文献を手で書き写してこられた書体がここにあり、巻き紙に毛筆でしたためられたものもある。もう先生からお手紙がとどくことはない。あまりに気落ちしている私をみて友人が言ってくれた。

「先生は、生きておられると思ったらどうですか。ご著書はいつでも手許にありますでしょう」

『孔子伝』[*1]が出る前に、大へんな碩学がおられると教えてくださった渡辺京二さんのご助言だった。

先生は、明ければ九十歳というお歳に、向う五カ年間の計画を立てられた。

「初期論文を謄写版で出した『甲骨金文学論叢』十集を、上下二冊とする。『説文新義』十六巻を二巻ずつ併せて八冊に、『金文通釈』五十六輯は周の金文のみであるから、殷の金文四輯を『殷文札記』として加え、全六十輯、合冊して全十冊とする。……(他に)『甲骨文集』一冊、『金文集』四冊に、新たに『続金文集』四冊を加えて九冊とする。この『続金文集』四冊の編集については、既にその目録を上海博物館長の馬承源先生にお渡しして、協力を依頼してある。これらをすべて刊了するのには、月一冊の割合を以て刊行するとしても、少くとも五年を要する」[*2]（「私の履歴書」）

以上の著作集別巻は先生の手になる再編集であり、出発点とされた『甲骨金文学論叢』が手書きの謄写版ずりであったことは、読者にとっても意味ぶかい。

年四回の「文字講話」もこの年からはじめられ、この公開講座のことを、孔子の「芸（六芸）に遊ぶ」にたとえて人生の至境とされていた。

先生のお文章が大へん好きである。雄渾な詩情にあふれ、対立する論敵には仮借なき論評を加えられた。人間の叡智の高峰から鳴りひびく古代の声のような、朗々たるお言葉に導かれて、この三〇年ほどを生きてきたとおもう。

お話を直接うかがっていて驚嘆にたえなかったのは、記憶と活力の無尽蔵なことであった。その学識を総動員して到達しようとなさっていたのは、人間生活の根底から未来へと貫徹される徳性というか、生身が表現しうる美学であった。古代中国は殷帝国の甲骨文・金文を、東アジアに生まれた始源の文化として位置づけられ体系化され、ヨーロッパとはあきらかに異なる文化の位相を、現代の退化しつつある東洋と日本に示された。お仕事の頂点とされる三部作の字書『字統』『字訓』『字通』の完成がそれである。

酒見賢一氏との対談で先生はおっしゃっている。

「僕が、他の仕事を中断しても、この字書を書く決心をしたのは、日本の漢和辞典が、出典が書いてあってもただ載っているだけでね。前後の文章や意味とか、表現の持つ美しさとか、そういうものが理解できない*3」

先生のお考えによれば、わが国の文章力は大正から昭和初期にかけてはじめて国民的な文章として自己形成を遂げつつあったが、それを漢字制限という暴挙によって歪曲させたのは軍部の干渉と占領政策だった。易々として迎合した国民性、とくにマスコミがあった。

「東洋を回復する前に、まずわが国を回復しなければ」とよくおっしゃっていた。ひょっとすれば百二十歳くらいまで、お仕事のご予定を立てておられたのではあるまいか。それくらいお元気そうに見えていた。

二度目に、藤原書店の企画でご自宅までうかがった時[*4]、先生が小雨の中を下駄履きで傘をもってお出迎え下さった。眉のひときわ大きな、お茶目にかがやいていているまなこの、古代的なお可愛らしい風貌の方であった。帰りには、つる夫人が私の肩を後ろから抱いて下さった。暖かい暖かいお胸であった。

＊1　一九七二年中央公論社刊。白川静著作集第六巻『神話と思想』所収。

＊2『甲骨金文学論叢』は一九五五年に初集が立命館文学部研究室より油印され、以後十集に及ぶ。白川静著作集別巻に収録の予定。『説文新義』は、一九六九年より樸社の社友であった小野楠雄氏（五典書院）の手で刊行開始。一九七四年完結。のち白川静著作集別巻に収録。『金文通釈』は白鶴美術館誌として、一九六二年〜八四年にかけて五十六輯（冊）までが刊行され、のち、続編の『殷文札記』とともに白川静著作集別巻に収録。『金文集』『続金文集』は、『新修金文集』として『甲骨文集』とともに同じく白川静著作集別巻に収録の予定。

＊3『クレア』（一九九三年十一月号、文藝春秋）初出、のち『回思九十年』（平凡社）所収。

＊4 学芸総合誌・季刊『環』四号（二〇〇一年、藤原書店）所収。

鶴見和子（一九一八―二〇〇六）

鶴見和子（つるみ・かずこ）
1918-2006　東京生まれ。社会学者。上智大学名誉教授。南方熊楠や柳田國男の研究、「内発的発展論」などで知られる。1939年津田塾大学卒業後、米ヴァッサー大学大学院へ進学。42年帰国。46年丸山眞男・都留重人らと『思想の科学』創刊。トロント大学、ブリティッシュコロンビア大学で講義。76年発足の「不知火海総合学術調査団」に参加。95年脳出血で倒れたのち、歌があふれ出る。99年『コレクション　鶴見和子曼荼羅』（全9巻）完結。朝日賞受賞。

別の世からの使徒——ありし日の水俣で

「雪の降る日はね、庭の中を二人でね、ちーん、ちーんと鉦《かね》をたたいてまわるのよ。巡礼ごっこをするわけ。そう、ちょっと広い庭」

どういうお庭だったのだろう。

「雪が降ると、どうしてあれがやりたかったのかしら。見つかったらそりゃおこられるのよ。弟と二人で内緒の遊びなの。楽しかったわぁ」

弟とは鶴見俊輔さん。和子さんからうかがった幼時の思い出である。この人とは生い育ちが天と地ほどにちがうが、不思議な絆にむすばれて今日に至った。

鶴見和子という鮮烈な女性を知りそめたのは、今は廃刊になった『思想の科学』誌上で、第何号だったたか、四〇年近い前のことになる。『近代化論再検討研究会』という項目があって、そこに、名前だけは知っている学者たちが集っているらしい。色川大吉、桜井徳太郎、石田雄、菊地昌典、宗像巌、最首悟氏、等々……。中に女性の名があり、きわだっていた。

その鶴見さんが発言しておられるには、

「これまでの近代化論には、思想的発展がない。既成のわく組にばかりとらわれているからで、もっと内発的発展ということを考えたい」

つまり、思想というものは内発する力で内側から常にやぶれてゆくものだ、という意味にわたしは受けとって、はっとした。

田舎の、ただの一主婦ではあったたが、『苦海浄土』第一部を書いたあと、この国の近代のゆく末について切実に考えこんでいたのである。

自分のいる村落の変化。亭主たちが出稼ぎにゆき、中学生たちが京阪神地方へ集団就職して行ったあとの「三ちゃん農業」地帯のわびしさ。気がつけば村々の有能な「選良」たちは、おおかた東京を目ざし、村には残らない。「出世して帰れよ」と村はいうが、出世した者は村には戻らない。そして、活気を失った村々に水俣病が起きた。

ここに必要なものは知的母性我だ、とわたしは考えていたのだろうか。それと、手練手管をしらない処女《しょじょ》的清性を合わせもった女性がここにいる。和子さんのことを、わたしは「もう一つのこの世から使わされた使徒」と思いこんだ。おりしも、県議員のニセ患者発言にからめて、患者が逮捕される事件が起きた。呼びかけに応じて色川大吉先生が、熊本、水俣に来て下さった。この時とばかりわたしは先生に不知火海域の学術調査団を発足させて頂くようお願いした。メンバアの中に和子先生が入って下さることが実現した。

写真では拝見していたけれど、おめにかかってみると、色あくまで白く、きびきびとして気品にあふれ、しかも接しやすい人柄だった。「和子先生」の調査をうけた漁民たちは、「学者の実物」を見たことがなかった。口々に感想をのべ、涙ぐむ人もいた。

「東京のなあ、おなごの学者さん。やっぱりちがうよ、あかぬけして。何ばいうても珍しがって、打捨《うし》てられ者の話ば一心に聞きとってくれて……。後姿拝んだばい」

ある時間違えて、訪問予定の反対側の家にはいってしまわれた。そこにはほとんど裸の男性が仰天した表情で立っていた。和子さん、とっさに漁村風俗とばかり思い、予定の質問をはじめられた。

相手も興に乗ってみのりゆたかな話が聞けたという。行くはずであった訪問者から待っているという電話が入って、男先生方がやきもきしておられるところへ、和子さんがはればれとした表情で帰られた。その夜の酒宴はことのほか賑《にぎ》わった。

社会学理論を裏づける日本的情趣

和子さんが亡くなられたことを日に日に寂しく思うこの秋でございます。何という率直なお方だったことでしょうか。草木に対して、生き物に対して、人間に対して、そのお心が最も開かれていた最晩年に、水俣とご縁を賜り、私どもは実に恵まれた日々を作り出すことができました。

臈たけたお人柄でしたが、まれに見るおきゃんな方でもありました。あの時期の水俣に、この方をお迎えできたことは、天の配剤だったと思います。なりそこないの日本近代は、どうあればよかったのか、と考えておりましたので、和子さんのおっしゃる内発的発展論を知った時、これぞ日本知識人の自立を促す鍵だと私は思ったことです。和子さんの社会学の内因への目配りは、かなり多方面にわたり実証的でありました。それは私の文学の内核を導く論でもありました。何よりもこの方の日本的情趣が社会学理論を裏づけておりました。

私は東京で座り込みをしていて、拝見できなかったのですが、私の母や患者さんたちや水俣の非知識人を集めて、和子さんは一夜、踊りの会をしてくださいました。見事な衣装を東京から取り寄せて踊られたそうで、花柳流の名取りの踊りにふれて、目に一丁字もない私の母がどんなに感激したことか。

「和子先生は踊りの神さまぞ。まるで夢んごたった」と母はたびたび言うようになりました。

「学者もやって、踊りもやって、こういう人が日本には他にもおんなはっとじゃろうか」首をかしげながら、実に不思議そうに申しておりました。

至福の時を母に与えてくださったこと、感謝いたしております。お写真で踊りのお姿や表情を拝見しますと、独身であられた和子さんの生命の色香のようなのを感じます。

天地の静寂《しじま》の中で、今、昼の地虫が鳴いております。和子さんが舞われる気配を感じながら、今日の会が華やかに進みますよう、熊本の地でお祈りしております。

（「鶴見和子さんを偲ぶ会」へのメッセージ）

生きるよすがをよみがえらせた方

和子さんが初めて水俣にいらした時、鹿鳴館時代の貴婦人がみえたという感じだった。編上げ靴に黒っぽいロングスカート、幅広の黒いカシミヤショールをはおっていらした。両端に優雅な刺繡がほどこしてあった。患者さん達は、

「あの手の、白さがなあ、貴族ばいあの人は」

とささやきあった。直接お会いした人たちは二度びっくりした。

「人の話をよく聞く先生じゃ。うちらあたりのぼろ家によう来てもろて、

話まで聞いてもろた」。

最大の話題は、訪問先を間違えて反対側の家に飛び込まれたことである。その家の主人はちょうど風呂上がりで、一糸まとわぬ姿で彼女と対面してしまった。まちがえたと気づかない和子さんは、これが漁村の日常風俗かと思われたらしく、ノートを取り出しどんどん質問なさった。さすがに途中で気づいて姓名をたしかめられた。おわびを言ってその家を出られる時、裸のご主人は
「来年もまた来てくだはりまっせ」

とあいさつなさったそうである。

「私、男の人の裸は、父の看病で慣れてるの」。

そう、おっしゃっていた。

不知火海調査団のお仕事は彼女のこのような人柄が中心にあって保たれ

ていたように思う。

物みなと息づき合って生きることを熱望し、

「死ぬことってたのしいよね」

とおっしゃっておられた。ありし日のことをなつかしみ、この会場のどこかにほほえみをうかべながら立っておられるやに思う。生きるよすがをなんとたくさんよみがえらせて下さったことだろう。

（「鶴見和子さん三回忌の集い」へのメッセージ）

橋川文三（一九二二—一九八三）

橋川文三（はしかわ・ぶんぞう）

1922-1983　長崎県生まれ。政治学研究者、政治思想史研究者、評論家。雑誌編集者をへて明治大学政経学部教授として近代日本政治思想史を教えるかたわら、戦後冷遇された保田與重郎ら日本浪曼派の意味を問い直す。60年、『日本浪曼派批判序説』を刊行。『近代日本政治思想の諸相』、『現代知識人の条件』、『歴史と体験』、『西郷隆盛紀行』、『黄禍物語』など。

玲瓏たる水脈

橋川文三先生というお方は、後姿がふいに、頑是無いように見えるお方だった。

ひょっとして地上でないところを、歩いていらっしゃるのではあるまいかと思うことがあった。その後姿に胸つかれて、お辞儀をし直し、お見送りしたことがよくあった。

地上でないところとはどこなのか。人にはおのずから具わっている位というか、気韻のようなものがあって、そのゆえに歩いてゆく道が決定される。先生は、他者のひき受けない課題を、生まれながらの資質によってひき受けられたがために、透過してゆかれた時代の水圧が、後姿をことにも無垢にしたのかもしれなかった。

現代というこの度しがたい混沌。ただ生きるだけでわたしなどは、ねをあげ続けているが、先生はたぶん、このような世界にもどこかに、玲瓏《れいろう》たる水脈があるのを嗅ぎ当てていらしたにちがいない。けれどもやはりその流れにも、人の血が滲まずにはいない。そういうほとりへ、降りてゆこうとされていたお足元のように見えていた。いや、そのような水脈とは、先生ご自身にほかならなかった。

けれどもそんなお姿に、奥さまが寄り添われると、たちまち慈光の中の景色となるのは、ご厄介をかけたばかりであったわたしの、ひそかなよろこびであった。

世田谷は桜上水の橋川家へ、朝日新聞出版局の、赤藤了勇さんに付き添われて伺ったことがあった。赤藤さんには、長年、本の担当をして頂いているのだが、もとはといえばこの方に、水俣のことを東京へうつした時期に、自分に出来ないことをいろいろお願いしたのである。赤藤さんの、橋川先生への傾倒ぶりはまことに古典的で、神にも近い方におもっていらっしゃるように、うかがえた。

明治大学の研究室へ、先生をお迎えに行って車に乗ったが、道々先生はおっしゃった。

「ここらはね、神田駿河台というんですよ。知ってます？　うーん、あのね、僕らはね、竹内先生とね、夏になると泳ぎに行くんですよ、ほとんど毎年行くんですけどね、家内もね、とても楽しみにしてましてねえ。あなたもいらっしゃいませんか、気を晴らしに。そういうこともよいですよ」

わたしは仰天した。その時期わたしは、極度に心身消耗していた。先生のお声がかりで、わだつみ会の中村克郎氏の病院で静養することになるのだが、気をひき立てようとして、海水浴のことを持ち出されたにちがいなかった。いたく恐れ入り、竹内好大先生のいらっしゃるところで、とてものことに、水着になどなれませんとご返事した。それでなくとも、橋川先生や藤田省三氏を僚艦とした「竹内好《ハオ》大艦隊が、どこそこへ出動している壮観」ぶりを聞いていた。

赤藤さんはおかしさを嚙みころしているようだった。

「竹内先生と居りますとね、大安心なのですよ、あなたもきっとそうですよ。沖へゆかないで、ばちゃばちゃやっているだけで、心身によいのですよ。家内がゆくくらいですからねえ」

先生は熱心にすすめられた。

お宅に着いてからもそのお話は続いて、途中で奥さまにおっしゃった。

「あのあれ、アルバムがあったでしょう」

奥さまは少し困ったように微笑まれて、幾冊かを抱えて来て引っ込まれた。先生はお若い頃のから、一葉ずつご説明下さるのだったが、二冊目くらいに、すんなりとふくよかな、水着姿の奥さまのスナップが出て来た。

「ほらね、家内もいつもゆくんですよ、こっちが竹内先生」

お嬉しそうにおっしゃったとき、奥さまがお茶を持って来られた。

「まあ、あなた、そんなものを」

そうおっしゃりながら奥さまは、そっとアルバムを引き寄せ、閉じてしまわれた。

「ほんとにもう、恥かしゅうございますよ」

ほんのりとお顔に紅がさしていた。

「折角お見せしているのに、ねえ」

いかにも惜しそうに先生がいわれる。鴛鴦《おしどり》のような夫婦とは、こういう初々しいお仲をいうのかと眩しかった。

思えばもう一〇年くらい前のことである。わだつみ会の八月集会に、是非出てくるようにとの橋川先生の仰せを、赤藤さんがお使いをなさって伝えられた。

「めったにないことを、先生がおっしゃるものですから、おいで下さらないでしょうか」

わたしは正直いって困惑した。

思春期の魂だって哭くことがある。『きけわだつみのこえ』の一書に、どう向き合ってよいものか、坐り場所がずっと定まらなかった。そういう意味で、わたしの十代に入ってからの考えはじめは、その年代の終りのまま止まったところがある。思えば橋川先生は、わだつみ会の人であったのだ。愕然として、足元覚つかないままに上京したのだった。

かき消えた、わたしの世代の青春の光輪の中に、えらび取られて、橋川先生とご夫人の居られるお姿が、甦りの図のようになつかしまれる。

上野英信（一九二三―一九八七）

上野英信（うえの・えいしん）

1923-1987　山口県生まれ。復員後、1947年京都大学文学部中退、九州で炭鉱労働者となり、労働者による文芸サークルを組織。1954年千田梅二と共同で、初の著作『せんぷりせんじが笑った』を私家版にて出版。翌年『ルポルタージュ・シリーズ　日本の証言』として再刊され、記録作家として認知される。谷川雁、森崎和江らと筑豊の炭鉱労働者の自立共同体・サークル村を結成し、58年機関誌『サークル村』を刊行、石牟礼道子や中村きい子らを輩出した。

み民われ生けるしるしあり

陥落沼を囲いこむように、白い穂芒《ほすすき》がゆく手に続いていていた。穂芒の途切れるところに、土地の生命の枯れてゆくような色をした、セイタカアワダチ草が続く。この草をはじめてみたのは筑豊鞍手町の、上野英信家の周囲である。

「あのですね石牟礼さん、この草、ものすごい繁殖力ですよ。今に水俣の方へも伸びてゆきますよ、鉄道線路にそって。アメリカ帝国占領草というんですよ」

氏はそうおっしゃり、「ほんとうですか?」ときき返したわたしをみて、空を仰いで笑い声を立てられた。

列車に乗るたびに、この時のお言葉を思い出し、確実に南下してゆくアワダチ草を、なるほどなあと思いながらたしかめた。アメリカ帝国占領草とは、上野さんの発明されたお言葉なのだろう。鹿児島県や、天草の島々にまで黄色い花をつけたこの草をみるのに、一〇年はかからなかったように思う。

複雑な内容を持った表現だった。八木山峠とか、猿田峠とか、上野ご夫妻のおられる鞍手郡六反田を囲む起伏を見ていると、土着の狐たちや鬼たちのいた世界がのぞけるが、その世界を蚕食して伸びる、アワダチ草の根茎の毛むくじゃらが、上野さんのお言葉から感ぜられた。

根茎は、陥落した地底の瘴気を吸いつくして、ようやく衰弱しつつあるのだろうか。

ひとつの草の植生における輪廻と、筑豊の始まりと終りは絡まりあっていて、その中に、上野英信氏の、まさに閉じられようとしているまなざしがあった。

はじめてその作品に接したのは、『サークル村』に載せられた「裂」という文章だった。坑内事故で爆死した坑夫たちを描いたものである。

ショベルや地底の壁などに、死の間際に書き遺された文字があった。判読できるものは僅かで、判読できない無数の文字がびっしりあったという。

読みとれた文言もさりながら、読みとれない無数の文字がそこに遺されているというくだりの衝撃を、今も忘れない。そのような情景にひとりの作家が立ち合うということは、ことにひとつの世紀が終ろうとしている今、黙示的な言霊の生まれる場所に、降り立つことだったにちがいない。

筑豊の陥落沼は、地底深く潰れた坑道の上澄みである。読みとれない文言で満たされているその沼の縁に、酒杯片手に、今も上野氏は立っておられる。片手にはあの、見えない素振り用の竹刀をお持ちになって。

剣の流儀はいったい、何流というのであったろうか。長州のご出身だった。誰が言い出したのか、わたしたちはひそかに、九州探題、ともお称びしていた。

死者たちと言わず、生者たちと言わず、前世への縁続き、という感じがあって、時折り、筑豊にお邪魔していた。

昭和四十九年正月、東京丸の内ビル街の一角、チッソ本社前に、水俣病患者たちとわたしが坐りこみをしていた時だった。上野さんが、長身の躰をこごめるようにして、長い紙をひらひらさせながらお出でになった。微笑みを浮かべ、遠慮深くいわれた。

「あのう、お邪魔になるかもしれませんけれどもね、いやあの、お邪魔しないように気をつけますので、ひとつ、ご一緒に、坐らせて下さい。お願いいたします」

氏が笑われる時の語尾のものやわらかな感じを、よく覚えている。文章を書くということ以前の、人間的含羞をあらわすような、よいお声であった。わたしどもの坐っているコンクリートの地べたに、毛布をまといつけて坐られ、紙を地面にひろげ、カンヅメの空缶を乗せられた。

飢餓新年
み民われ生けるしるしありあめつちの
ほろぶるときに逢えらくおもえば

そう墨書してあった。

「えーと、これはですね、マスコミ用です」と言いながらひろげられたのを見ると、

「腹がへるので、問答無用に願上げ候」

支援するとか、加勢とかおっしゃらなかった。ハンガーストライキだったのである。痔のお悪い方であったのを後で知った。正月の、本当に地面も凍る寒さの中だった。

晴子夫人に電話をかけ、恐縮の意をのべた。明澄なお声で、笑まいを含ませて夫人は言われた。

「まあ、足手まといになりませんとようございますけど。せっかく思い立ちましたんでしょうから、落伍せんごというて下さいませ」

芒の群落の中に、かの時のお顔が思い浮かぶ。

ひかりの露に

今朝の夢に、上野英信さんが出ておいでになった。熨斗目《のしめ》のような、黒い羽子板のような形に自分を畳んで、非常に軽く、等身大よりは五分の一くらいになって横たわっておられる。

晴子夫人と、立派に成人された朱《あかし》ちゃんと、信奉者たちがお伴をしているのは、象徴的な宗教画のようだった。ご長身だった上野さんは、皆さんがお連れしやすい姿に、自分でなられたに違いない。

端正に横たわっておられたそのお姿が、古典的な和紙がはらりと展《ひら》くように身じろぎされたので、わたしはおどろいた。

（ああ、英信さんの意識はまだ、わたし共と通いあう所にいらっしゃる）

と思う。

夫人が、（英信はやっぱり、こういうふうでございます）というように、目顔で、うなずいていらっしゃる。すると、草むらの脇にそっと置かれて、ご自分を折り畳んでおられた薄い和紙のような上野さんが、あの透明な、やさしい声を出されたのである。

「ぼくはやっぱりね、存在の意味ということ、人間存在の回路を見出だす、ということについて、考えざるをえないんですけれど」

はっきりした肉声でそうおっしゃると、くるりと躰を反転させ、向うをむかれた。黒い熨斗目型の折り目が、すっととおり、目にしみる赤い線の縁どりが一本とおっている。肉体は感ぜられないが、坑夫たちの生血にまみれた土地にいるという気持でいらしたので、紙のように薄くなられても、こういう、地を払うようなきれいな形になられたのだろうか。

わたしは、何はともあれご飯を炊いて、ご一同をおもてなししなければと心が急いだ。家のそばの田んぼ道の辻のようでもあり、廃坑のあたりの、秋色めいた草むらでもある。

わたしの最初の本を出して下さったとき、「田植えの加勢」とおっしゃって、初校の校正に来て下さったことがあった。初校ゲラの意味を知らず、本が出来る過程のものを、記念に下さるのだろうと思ってしまい込み、出版社へ送り返すことを半年もしなかったのである。雑誌原稿の段階では、編集者が、黙って直して下さっていたのだろう。不審におもって、水俣に来てくださった。

上野さんは、しまいこんだままなのを知っておどろかれた。そしてご覧

になりながら、

「ああ、なんともこれは、灰かぐらみたいな文章ですねえ」

と嘆かれた。それでもまだわたしは人ごとのように思っていた。思い出してもおかしいが、それは「苦海浄土」だった。あとになって、だんだん恐縮した。それであのときの、田んぼがかった景色とともに、夢に出て来られたのだろう。


　米を選り分けて洗おうとするが、ふわふわした麩《ふ》のようなものがまざっていて、選り分けにくい。上野さんがいらして下さったことが、ハレの意味なのか、ケの意味なのか、おそらく、その境目の奥の世界のことなのだと思っていると、田んぼだか陥落沼だかのまわりに、色とりどりの服を着て、夕ばえのような微笑を浮かべた老若男女が、ひなびた祭りの日のごとく待っていて、秋色の深まる草がそよぎはじめた。上野さんと関わりを持つ、彼岸と此岸のあわいの人びとなのだろう。

田んぼの脇に溢れている泉に笊《ざる》を漬けて、わたしは米を磨ぎはじめた。するとら、上野さんのお姿がまた反転して、何か言われたらしく、晴子夫人が、氏をあやすように、また尊敬をこめておっしゃる。

「ですからね、あなた、わたしはいつも襖のこちらで、あなたがなさることの、次の用意をいたしておりますでしょ」

わたしは複眼のようになってその景色を空から見ていた。陶器のような色をした湖沼だか、海だかがひろがり、その底を、きれいな五色の旗が、竜の子たちのように通ってゆくのだった。

目が覚めて、昨夜まで『出ニッポン記』（潮出版社）や径《こみち》書房から出された、『上野英信集』を読んでいたことを思い出した。『出ニッポン記』は、『追われゆく坑夫たち』（岩波新書）の続篇として、南米移民となった坑夫たちの足どりをたどった作品である。

アマゾン流域の、乾季はサボテンだけになるという風土で、彼らがどのように生きのび、あるいは斃《たお》れて行ったか。歴史の風化をくぐり抜けて、異民族との混血などを通じ、次の世代を育んでゆく過程などを読んでいると、文明は異なっても、生存というものの自己運動というか、どこかユーモラスな生命力の強靭さも感じる。しかし上野さんが、こだわられたのはどこまでも、「日本資本主義の無謀なエネルギー政策の犠牲者たち」の行く末である。

南米大陸の最南端のアルゼンチンまで、見も知らぬ一人の離職坑夫を探してゆかれる。取材というよりは、上野さんご自身の魂の彷徨である。最後のお仕事となった『写真万葉録』を編まれるに当り、「骨を拾うつもりであったが」一点一点写真を眺めるうち、「ホタルを手にした少年の日の戦慄がよみがえるのを覚えた」と書いておられる。

原爆に遭われていた上野さんを、アマゾン流域や沖縄に導いたものは、地底のいのちたちの、ホタルほどな露のひかりのごときものであったのだろう。

追悼文

謹んで申しあげます。

思いもかけず私どもより先に逝っておしまいになりました。またもや、おくれた者になりましたが、現世の垣根はなくなりました。

どこか羞らっていられるような微笑みと咽喉の音の清らかなお声で、私どもひとりひとりの心の大切なところへ、ひとしなみに御出で下さっているようでございます。お懐しゅうございます。

上野さん。

サークル村以来私も皆さま共々、水俣のことを含めて一方ならぬお世話さまになりました。

私ごとで恐縮でございますが、『苦海浄土』を出して下さいますのに、東京に伴われ筑豊に連れ帰られました夕べ、晴子さんの弾かれる琴を端然と坐って瞑目して聞いておられました。長い指をその目に当てられるのをはっとして見やりましたが、一八年前のほの暗い夕べのことで長い間その情景を大切にして参りました。

またの日、山本作兵衛さんのところに連れてゆかれました。ご機嫌よくなった作兵衛さんが坑内唄を唄いはじめられ、かねがね上野さんのご本で知っている唄でしたけれども、肉声でうかがったのは初めてで、

おろし底から

百斥籠　かろうて
つやでくる　サマ
わしがサマ

というのがことにもつよく印象づけられました表現を、みずからは名乗らぬ者たちが地上を追われ地底の穴へと押しこめられながら、生身を彫琢されて口にした絶唱と思っています。この唄はそっくり上野さんの御志と生き方を表わしていると思ってます。

おろし底といえば穴の底からのぼってくる闇の風が匂います。百斥籠のようなものを荷って上野さんはそこに埋蔵されている魂たちを背負い、私たちのところへ出ておいででした。背中の魂たち共々お命をつやにして、みあかしにして、花咲くような御顔にさえなられて出ておいででした。

唄の結びのわしがサマというところが、わたしたちのサマというふうにしてあらためて上野さんをここに御迎えしたく思います。

晴子さんがさきの戦で野山に倒れて野ざらしになって死なれた人にくらべれば、英信はしあわせでございますとおっしゃいました。私どもはその御言葉をよしとせねばならないのでございましょう。御二人の大切な朱《あかし》ちゃんが二児の親になられて英信さんがこの方をこよなく恃《たの》まれていたことが私どもも幸せに存じます。

上野英信さん　ほんとうに有難うございます。現世よりは賑やかで光の美しそうなそちらの方においおい私どももゆくと存じますが、どうか迷いぐせのある私のこともよろしく御願い申しあげます。

一九八七年十一月二十九日

石牟礼道子

死にたまうおゆびをとれば
しずかなり
陥落沼のしろき穂芒

お茶碗洗われる英信さん

筑豊における朝鮮人連行の克明な記録が出て来たという新聞記事を最近読んで、あらためて思ったのは、上野英信さんの残されたお仕事だった。

写真集『写真万葉録　筑豊』に埋めつくされている坑夫たちの顔、顔、顔が、背高泡立草の繁るイメージの中から浮かび上る。

うかうか手を染められない深刻な大事業をなさっていたのに、思えば上野さんはあの響きのよい男性的なお声も長身もおおらかな表情も、つねに楽しげにみえていた。わたしは遠くはなれて時々おめにかかっていたから、そう思うのだろうか。夫人がどんなに御苦労なさっていたかと今おもう。

和やかな表情で

朝鮮から連行されてきた人たちの話をなさる時も、山本作兵衛さん宅に連れて行って下さった時も、朗々と笑っておられたように思う。酸鼻な歴史が埋没しようとする大地に立っておられる姿をフィルムのネガ風に想い描けば、鬼火の中を蒼浪とゆく人にみえるのだけれども、陽の光の中でお逢いするときのご表情はじつに和やかだった。

あの和やかさはいったいどうしたことだったろう。愛憐ただならず関わられた死者たちにも、生きていた間、一度くらいはよい夢が訪れたときがあったろうから、上野さんは、ひょっとしてそのよい夢を貰っておられたのではないか。

それがたぶん御あかりになって行く手を照らし、上野さんはほかの作家たちのゆかない地の底や、サボテンの林のある南米やにゆかれたのではなかったか。

草に死者の声が

わたしはここ数年、なるべく車の通らないところを選んでよく歩くようになったが、道のべの草をみると、何ともいえぬ深い想いにとらわれて胸をえぐられ、立ち止まってしまうことがしばしばである。そのときの感情をしいていえば、草に託された死者たちの声をふいに聴くような、一種の衝撃を受けて足が先に進まない。

死者たちと云っても沢山いて、幼い時に死んだ友人とか、水俣の患者さんとか、もっともしばしば耳元近く聴くのは母や祖母の声である。この頃上野さんのお声も聴くようになった。なぜそれが草のそよぎを先ぶれとして聞えるのか。

万葉などに草つみの歌がたくさんあって、上古の人たちは草をつむことで遠い人の魂を招き寄せたり、幸せを占ったりしていたらしいが、昔の人たちは草というものがもつ意味を、よほどに深く感じていたのである。

わたしが蓬や薄《すすき》をみて想うには、祖母や母や、いやいやその前の世の死んだ妣《はは》たちのまなこがみたであろう野の草が、変らぬ姿でそこにある、ということを道を歩いていてふいに想い出し、現世のほんの一隅にかの世の姿が生きていることを凝視して、息もとまるほどの衝撃をうけるのである。

花の群生の中に面影

背高泡立草が河原の岸辺を黄色く染めているところに行ったりすると、あの異国からきた野草の花の群生する中に、必ず上野英信さんの面影がたつようになった。ほうほうとしたような面持ちで微笑みかけられるのである。息をとめて凝視するが、幻はすぐに消え泡立草がゆれる中に立ちつくすのが常のことだが、お姿も口調もつねに端正だった。

炭坑労働者たちの系譜をひとりで肩にしておられるような仕事ぶりだったのに、この方はどう洗ってみても、文士というおもむきがあった。それもたいへん古典的な美学の中に育たれた文士でいらっしゃった。晴子夫人は私生活上の美学の人に、よくまあねんごろにお仕えなさる、お台所もどんなに大へんか、と私どもは遠くからお察しするばかりだった。

ブラジルへ行かれる前だったと思うが、お訪ねしたことがある。何の話題だったたか、話がひとくぎり済んで上野さんが座を立たれ、流しの前にゆかれた。晴子さんは他の部屋かなにかにおられた。

「ちょっと失礼、ぼく茶碗の山を片づけますからね、晴子がたいへんですから。ぼくも心を入れ替えようと思ってましてね」

虚をつかれて……

わたしは虚をつかれたというか、あっけにとられ腰を浮かした。洗おうか、と思ったのである。それも失礼に思えて落着かない。流しの音が聞えたのであろう。襖を開けて晴子さんが顔を出された。ちらと夫君の背中を見やってわたしの耳に囁かれた。

「おかしゅうございましょう。ねえ、今頃。板につきませんよねえ」

そしてえもいえぬ目付でいたずらっぽく微笑まれたのである。なんとも忘れ難い情景である。

その後、お茶碗洗いは続いたのかどうか、晴子夫人にききそびれている。地下の英信さんはれいの笑顔で、あはあといいながら和服の袖口から長い腕をさすっておられることだろう。

谷川雁（一九二三―一九九五）

谷川雁（たにがわ・がん）

1923-1995　熊本県生まれ。詩人、評論家、運動家。1945年東京大学社会学科卒業のころより詩作を始める。58年、上野英信、森崎和江らと雑誌『サークル村』創刊。60年坑夫たちとともに大正行動隊結成。62年大正鉱業退職者同盟を結成し退職金闘争に関わる。失業坑夫のための「手を握る家」建設期成会結成。66年ラボ教育センターを創立し、外国語習得運動を組織化。以後、70年代を通じてこどもの表現活動を指導。評論集『原点が存在する』『工作者宣言』など。

在りし日のこと

山風が吹き抜ける部屋

何の用事でだったか東京にゆくことがあり、ちょうど信州から出て来ておられた雁さんに、ご無沙汰の挨拶がてら電話をかけたことがある。するとおっしゃった。

「いっしょに黒姫に行きませんか」

わたしは少し逡巡《しゅんじゅん》したが、うむを言わさぬ気合があって、次の日ごいっしょすることにした。雁さんが何で宮沢賢治を研究しはじめたのか、だいぶ九州とはおもむきの違うらしい信州黒姫山になぜ居を定めたのか、知りたい思いもあった。

そこはとても寒いところだった。高原の中に山荘造りの一軒屋。山風が吹き抜ける部屋で震え上がり、手つきよく果実酒を注いで下さる夫人に感心しながら、わたしはお尋ねした。

「こんな所に住むなんて、やっぱり雁さんは水俣あたりの人種ではなく、騎馬民族系統の長脛彦《ながすねひこ》ですねえ」

「そりゃ北方大陸から来たにはちがいないね」

雁さんは脛とおなじように長い肘をさすりながら、にやりと笑った。

今、あるじを失ったあの山荘と芒の斜面に、どんな真冬が来ていることだろう。

メルヘンの旅を経験

黒姫への途中のことだった。

「あれが日本アルプスだよ」

雁さんはどうだ驚いたか、というような顔で振り返った。白樺の木も林檎の木も、そのとき列車の窓からはじめて見たのである。

「田んぼの中に、椿の花のごたるとの咲いとるのは何でしょうか」

とわたしが聞いたものだから、

「椿、ああ林檎だあれは。花じゃない、実ですよ。なんだ、はじめて見たの」

カルチャーショックと言ってよかった。まさか田んぼめいた低地にそれが植わっているとは思ってもいなかった。賢治作品中の「苹果《りんご》」は、わたしの心象の中で、野の光を渋く集め、固く光っていた。岩手や青森の人里近い山、つまり斜面にそれは成っていなければならなかった。信州の林檎の木たちはそういうわたしのイメージから脱け出して、蜜柑とザボンの国からやって来た人間を、列車の窓越しに見物に来ているというような感じだった。

水俣でじたばたやっているわたしに、メルヘンの旅をさずけて下さったのだと今も思っている。

意識の断層を象徴的に

日本アルプス、と言ったときの雁さんの目の色をどう言えばよいだろう。この列島の文化の水位を計る目盛があの切れ長の瞳の一点に定まろうとしていた。前面の山々のさらにその上には、神々の台座さながら、黒ずんで光る銀色の山脈がせり上り、壮大な形で宙空に彫りこまれていた。そういう山容は九州にはない。

雁さんの目の色は、アルプスの形と色とが下界へ放射し凝縮する一点に結ばれて、わずかに上下している。詩が、かの台座と放射しあう瞬間だとわたしは思っていた。

雁さんは、中部地方を南北に走っているフォッサ・マグナのことをよく口にされた。その縁にそびえ立つ日本アルプス。日本人の意識の二重構造を細胞単位まで分析してやまなかった雁さんには、日本アルプスはわたしたちの意識の断層の象徴的な具現とも見えたのではなかろうか。

列島を見渡せる高地で

雁さんの目線はあの身長もあって、いつもわたしたちよりずっと高かった。どういう足場を思想の定点とするか。この列島を東西南北にわたって見渡せる高地。

「よくまあ、こんなとんでもない所を思いつかれて」

とわたしは言い、おお寒む寒むとちぢかんでいたが、雁さんは靴下を脱いだ素足をのびのび曲げて、あっちやりこっちやりしながら、ふむふむと鼻毛を抜いていらっしゃった。まだ記されていない詩劇が、アルプスの上の深い空に浮いて出たり消えたりしていた。

埋立地は賽の河原に

「君はいつも上の空だからね。よくお聞きなさい」

と言われたのは、年の暮近く、東京近郊の清瀬病院に見舞いに行った折だった。かなり絶望的な症状が進行していることを、末弟でいらっしゃる吉田公彦さんから知らされたのは十一月末のことである。わたしは水俣で進行中の、患者たちによる思想的営為について、雁さんに報告せねばならないと思った。

具体的には、水俣百間港埋立地に対する患者たちの縄文的な意識と、運動家たちの近代市民主義、ないし左翼イデオロギーとの断層について、雁さんの二重構造論をうつつにおさらいしていますというようなことを、民話風に語ろうと思っていたのである。

水俣の味をと思ってお土産を持って行ったら、沢山すぎるとお小言をいただいた。くさぐさの話をした。

「埋立地は賽《さい》の河原にするんだな。石をごろごろ置いて」。雁さんの言葉に呼応したかのように患者たちは、埋立地に「魂石」を置き、石になるまでそこに坐り続けたいという呼びかけを発した。その呼びかけ文を、生前お目にかけたかったが間に合わなかった。

護符

雁さんは睡っておられた。くの字に曲げた躰はやっぱり大きく、指もふっくらして病人のようではなかった。

呼び出されて最初お目にかかった時もチッソ附属病院のベッドの上におられた。寝姿の上に降り積んだ年月をいぶかしんだ。雁さんは今の姿のまま脱け出してあの、邯鄲《かんたん》の夢とやらを見にいらしているのではないか。

「藁とうもろこしで出来たような」貧農の娘が、木の間隠れに雁さんの識字学級に時々まぎれこんでいた。三十数年前のこと、それがわたしだった。

古びたカーテンが揺れるともなく揺れ、はすかいのベッドに、がらんとした目を開けた老人がいた。雁さんはまだちゃんとこちら側の人だと思い、肌の色をたしかめた。しかし見えないしるしが、カーテンに記されてやしないか。なるべくそちらの方を見ないようにしていると、西藤さんがくの字の背中にそっとさわられた。

雁さんは目をあけ、起き上ってゆっくり胡座をかかれた。挨拶がすむとすぐに尋ねられた。

「ひょっとすれば君、借金があるんじゃないか」

やっ、どこで見破られたか。あちこち雑文を書いている。じつは、と笑って白状した。

「どこに、どれくらいなの」

「かくかくしかじか、億ほどはありません」

「うーん、やっぱりそうか、困ったな。それは困った」

困ったを三べんばかり云われた。見舞に伺ったのにこれはどういう事態になったのか。雁さんに逢うといつもこういう誤差が生じる。今生の別れかと思いつめていたのが杞憂におもえた。うーむと唸って病衣の袖をたくし上げておられる。わたしは発作的に云った。

「大丈夫です大丈夫です。死ねばなんとかなります。遺稿集という手があります」

それは出版社の前借である。

「うんいやしかしね、後の者が困るよ。僕はね、やっと完済したんだ。最近やっとね」

「まあ、よろしゅうございました、それは。雁さんは専務というのもお出来になるし」

どうしてわたしは大事な時にとぼけた事をいうのか、専務とは何だ。テックの時だったっけな肩書が。雁さんは怒りもせず笑いもせず、「そうだ」と太股を叩いて仰有った。

「君ね、よくお聞きなさい。こうすればいい。いいね実行するんだよ。まず原稿用紙を選んでね、いい紙のものに、今まで書いたものの中から、これぞと思うものを選んでね、二百枚丁寧に浄書するんだ。それを持ってゆくんだよ。一枚二万円です、二百枚あります。これで借金は全部終りですというんだよ。わかったね、他の仕事はその間、しない」

なにやらわたしはパニックに陥った。

「でもう、雁さんのお原稿ならそうもゆきましょうが、そんな、わたし……」

「いや、いいんだそれで。それ以外にない」

厳命、という感じだった。

「何でも僕に相談なさいよ。解決してあげるから、何でもね。君は汚れないようにしなければ」

最後に頂いた護符である。大切にしまいながらあの、黒姫にやってくるという春のことを想った。木苺だのマタタビだのの果実酒が囲炉裏の縁に並んでいた。

「さあ、はじめるとするか」

雁さんが云われた。黒水晶のような夜気だった。疎林ありて山姫酒を薫ず、月下の野宴に参じ、共に雪を招かんとす、などという気分になったのは、西藤さんのお顔が山の精に見えたからだろう。マタタビ酒が利いて、わたしは猫のような気持だった。

「あのこの辺りに、春はどんなふうにやってくるのでしょう」

雁さんは莞爾《かんじ》と笑ってグラスをひとなめし、

「春ね、まるでねえ、ワグナーだよ。ここに来てワグナーが初めてわかったよ。木々の根元がまず雪を溶かすんだ。そりゃ深い雪だからね、九州の春とは様相がまるきりちがう」


雪に覆われた地層の下で春が営なむ生命律。極度に抑制された曲想のもと、大地はもう自分自身を調律しはじめるのだ。雪の上で雪がまろび、雁さんは目覚める大地の声を片手で押さえ、低く、低く、というお気持なのだろう。重層的な冬。日本アルプスを借景にし、ワグナーを道連れにした心象に嵌めこまれた『水仙月の四日』などは、どんな音色の雪だったたろう。そしてせり上ってくる雁さんの春の構想は。音たちをなだめるように詩をなだめていらしたのかもしれない。『ものがたり交響』の中で『鹿《しし》踊りのはじまり』を解説して、空海の「声字実相《しょうじ》」の根本義にふれ、雁さんは「世界は無音の言葉に満ち、不可視の文字に満ちている。これを〝真言〟とよぶ」と書かれた。生きておられれば抱えてゆきたかった相談の中に、水俣からの無音の言葉を一本桔梗の青にして、海の水脈《みお》に似た不可視の文字を漉きこんだ紙にくるんで、持ってゆきたかった。

雁さんが再び降りて来られる気配がしていた。

「花咲かぬところ、暗黒の満ちるところへ」「力石」を踏んでほんとうに降りた人だった。大正行動隊の地底では、雁さんの目の前で、六〇年代のアナーキズムが前衛と抱き合って爆死を遂げたのだ。黒姫あたりの地殻は雁さんが足場を替えるための力石だったにちがいない。

情況も文化も伝達を超えて飛ぶことがある。出自の伝統に色濃く染められた者が突出してゆくことがある。そんなふうに登ってゆく力石が、雁さんには必要だったのではないか。そこからまた幼ない世代に夕陽の色をした志を托すため、少しずつ降りていらしていた。

この正月は清瀬の病院を出て、末弟の吉田公彦さんの家で、親族の方々に囲まれて過された。公彦氏が、なるべく足を使われるようにとすすめると雁さんは、看護にかけつけた若者の肩につかまり、ベッドの脇に立ち、そろそろと一廻転してみせて、

「これでいいかい、公彦」

といわれたそうである。

反近代への花火

その時わたしは実家の田の草とりに行っていた。「道子さあん、道子さあん」田の畦を郵便屋さんがくる。それは隣のお兄ちゃんである。ふつう郵便屋さんは畦までは来ない。田植え用に新らしく塗り上げられた畦だものので、郵便屋さんの先の丸い靴はめりこむのである。見ているだけであぶない。わたしは泥手のまんま、水草を足に絡ませ畦の上に乗った。父と母が中腰のまま不審気に見ている。

「電報ですばい、道子さん」

さして広くもない田んぼを前面に抱えた小さな村に、電報などめったに来ない。わが家にそれが来たのは終戦前、兄が沖縄で戦死した時である。父が背をのばした。

「どこから来たか」

お兄ちゃんは電報を広げはじめた。

「えーと、タイショウタンコウセイコウタイ、えーと」

わたしは電報をひったくった。大正炭坑青行隊だ。雁さんの指示だろうか。こののんびりした田園でことがバレたら父はやせきった首を落とし、田の中に這いつくばうだろう。何しろ三池の落盤事故で妾腹の弟が死んだ時、親族代表で出席、「さすが天下の三池、じつに立派な葬式じゃった」と後々まで感泣していたのである。

伊藤伝右衛門と柳原白蓮くらいは知っていたから、あの炭坑主に背いてことを起そうという青年行動隊のこと、ましてやその黒幕が谷川雁であることなど、理解の範囲を超える。

谷川家は小学校の眼科医だった。雁さんの妹徳子さんは小学一、二年の同級で、わたしはまるで生活基準の違うこのお家に子どもなりになじんで、よく遊びに伺った。広い邸の裏に枇杷の木がいく本かあり、野育ちのわたしはわが家の山の木に登る気分で枇杷をもぎ、下で見上げている徳子さんにそれを落とすのである。九條武子の眉を想わせる気品を具えた少女であった。母上がお縁に端座してとがめもなさらず、そんな二人を眺めていらした。父上の眼科検診でお世話になり、貧乏を絵に描いたようなわたしの家に徳子さんもよく見え、「高尚なお子」を父母はひそかな喜びとしていた。「頭のよすぎる次男さまがどまぐれて、炭坑の兇状持ち共と国家反逆を企てよらすげな。二・二六事件より大事《おおごと》ぞ」とは後になって言ったことである。「よか家には、時にそういう狂気持ちが出る」と言いかけ、現にわが家がもの狂いの系であるのを自覚したのかふっと口をつぐみ、「お前も」と一息つき、「男であれば、うんにゃ女であれ、昔なら獄門はりつけぞ」と低い声になった。

電報の文面の前半は忘れた。「いよいよ決起」だったか、「花火打ち上げ」だったか、結びが、

テベ　ントウ　ブ　キジ　サンデ　コラレタシ

であった。手弁当はともかく武器持参とは驚いた。ブキだなんていっても鎌にぐるぐる縄を巻いて行って何をするんだろう。幸い田の草取りは終った。

「雁さんの炭坑にトンネルが出来た祝いげな」

ゆっくり親をだまして谷川病院にかけつけた。

赤崎覚さんも来て、思案顔である。雁さんはしかし珍しく緊張していた。

「まずいなこれは。いうに事欠いて何という電文だ。これじゃあみんな、網にかかりにゆくようなものだよ。僕はゆかなきゃならんが、君たちはどうする。危いぞ、武器持参の何のと書きおって、阿呆どもが」

阿呆どもがという言葉の響きが優しかった。

「行きます、行きます。鎌持ってゆくわけにはゆきませんが」

即座にそう答え、同時に赤崎さんも、

「俺も行くですばい」といった。

伊藤伝右衛門さんの炭坑に祝いにゆくと言ったのに両親が何とも言わなかったのは、谷川病院と徳子さんへの尊敬あってのことだったろう。夫はうさん臭そうな表情であった。

大正行動隊の動きは、送られてくるガリ刷りの会報で、おおよその理解がついていた。雁さんに連れられて、「サークル村」発足の集りに出て以来、水俣の海辺に閉ざされた貝さながら、触手だけを四方にのばしていたわたしに、突如、一種のハレーション現象が生じ、六〇年代ごろまでの日本近代の構造が視えたのだった。筑豊炭田地帯はすべて潰れつつあった。そこに行ってみたところ、全九州の次三男やあぶれ者、犯罪者をまじえた虚無的で、含羞をひそめた男たちがいた。後々わかったが、水俣病患者になって行った青年たちもその一帯にいたのである。わたしの村が、農村が男手ガラ空きになったのがよくわかった。さらに炭坑から離れ、流民化してゆく者たちの行く末はどうなるのか。

高度成長に入る直前の筑豊は、この国の基幹産業の人柱をその地底に集める所だったのだ。水俣病も姿を現しはじめていた。

文学とは、表現とは何か、雁さんはわたし如き者にも考えさせようとしていたにちがいない。

大正行動隊のアジビラがその地底で大集会をして花火を打ちあげるぞというようなことを書いていたと記憶する。そこに雁さんもいる。大落盤が起りうる。行動隊の身体的直情と雁さんの理念は一体化して、近代の実質を落盤させ、突き上げ、大花火になって散るのか。心情的にはそうだ。この覚悟はたぶん「東京の進歩的文化人」たちには分るまい。歴史に心性というものがあれば、後代、僅かの人間にそれが伝わるだろうか。

はじめて雁さんに逢った時にみた長い脛と長い腕が何とも知れぬ虚無をもてあましぎみに、ベッドの上であっちやりこっちやりしていた意味が、電報を見つめているその横顔を見ていて分った。

近代というものが、もっとも深い所でじりっと、テコのように動く集会だ。見届けに行かなくてはと思った。

「ふつうの行き方ではだめだ。捕まるからね、じぐざぐに行こう。尤も君は方向音痴で神出鬼没だから、その伝で行くといいぞ」

雁さんが冗談をいい、赤崎さんはじつに嬉しそうであった。どこをどう通ったのか、捕まりもせず、中間市に着いたが、この時のように、あたりに気を配っていた雁さんをみたことはない。

「新しい創造単位とは何か。それは創造の機軸に集団の刻印をつけたサークルである」

雁さんが命をかけていたであろう集団の刻印をつけたサークルの統合、それらを呑みこんでゆく大情況をおもう。わたしにとって最後に刻印された場所は水俣である。統合はのぞまない。このことを雁さんに語れなかった。

青行隊は隊員の妹を隊員が犯して殺すという事件を内にはらんで解体した。

「サークル村始末記」が書かれ「筑豊炭田への弔辞」が書かれた。その中にある「もっとも強靭な思想的毛根部」が炭坑労働者であったと。東京に出てしばらく「テック」なる英語産業の専務をしておられた。黒姫に居を構えられほっとしたが、そこに連れてゆかれたとき、寒気の中でやっぱりあの長い脛と腕がむき出しなのに驚いて、たずねた。

「雁さんはひょっとして北方騎馬民族ではありませんか」

「そうだよ、僕は北から来たんだ」

しばらくして弟君の公彦氏から兄は長くないとお知らせが届いた。冷たい悲哀に全身ひたされて清瀬の病院に伺った。

じつは、なかなかうまく書けない文章を手提げにしのばせ、死期に近い雁さんの後に立った。最初おめにかかったのも病院である。衰えてはおられない。ベッドにくの字になって全く無防備の背中だが、ワグナーが鳴りひびいているかもしれない。闘うことを美学にしてしまった人だ。はるかな来し方を想った。このおん方と谷川家なくして、文章を書くようになった自分を語れない。しみじみと西藤さんに目礼した。最後に雁さんを看とられた方である。

突拍子もないが、出来上がらない果し状を持って来たのだ。まず書き出し。

長年に渉る一身上あるいは文筆上の御高恩、かの世にまでも懐中に秘しゆかむと存じおり候。

しかるがゆえに、この度「すばる」の「極楽ですか」一件、わが意に副わぬ箇所ありといえども、「狐のかんざしのごときものがみえて」との仰せ、雁さんがへきえきなさろうとも生来の狐好きなればあら嬉しやと辱《かたじ》けなく存じ奉り候。赤崎氏をわが亡父亡母、さらにわが一家がいかに遇せしか一々をここに記すも僭きことながらひとえにかの酔いどれ殿の愛らしき故なればなり。亡父亡弟共に酔い死せし因縁ありてことにも情つのり「蓬氏」とて仮名にし、苦海浄土冒頭近く導師として描きしを読み落とされしならん。地下の赤崎殿とその愛犬におたずねあれかし。

拙稿のすべて水俣を離郷なされし御尊家様への片便りに候。御意にかなわずばその限りに候。雁さん去られし後の久しき御留守、かの酔いどれ殿と思い交わし、二人三脚にて戦略足らざる素人いくさを仕まつり、苦戦続きにても遠方におわす師の御わずらいをせぬが役目と存じ来たるなり。

この度たまわりたる狐のかんざし、眺むるうちにむらむらと白き鉢巻その下に締めたくなりしが不思議に候。かくなる上は人か狐か、わが性にて見極めたくここに古き世のはたし状、差しあげ奉る次第に候。

来る如月十六夜、所は阿蘇外輪俵山こちの谷の斜面。黒姫に行きたくも土地弁えねば今生の儀につきお許し給り候へ。雁さんは並より丈高きをのこ、私ことといと低けれど、狐の性ある故低地に構えかんざしつけしまま跳ばんと存ずる。武器は当方はキリシタン百姓の流れなれば古き鎌。尊下さまは、矢でも鉄砲でも二丁拳銃にても苦しからず、仕合の儀、当方勝目なければご存分になされ候えかし。ただ雪ふらんかなと祈り申し奉り候。

こちの谷におろち棲むとなり。あとは餌食となり、カラス共にもくれ与えたく御検分衆も要らざることに候。

あらあら　かしこ

わたしは何遍も噴き出した。あの世にお持ち頂こうか。推敲されたら嫌だ、駄文でいいのだ。と思っていたら雁さんが起き上り、やおら、いわれたのだ。

「君、ひょっとして借金あるんじゃないの。何でも僕に相談しなさい。何でもね、全部解決してあげるからね」

最後にいただいたお言葉である。

本田啓吉（一九二四―二〇〇六）

本田啓吉（ほんだ・けいきち）

1924-2006　熊本県生まれ。43年第五高等学校入学。「習学寮」では福島譲二（後の熊本県知事）と同室。45年特別甲種幹部候補生に採用され、水戸陸軍航空通信学校に入営。京都大学に進学。49年熊本県立山鹿中学校教諭。52年県立第一高校に転任。54年『新熊本文学』に参加。60年代から『炎の眼』で評論活動。69年「水俣病を告発する会」代表となり、自主交渉派を全面支援。76年御船高校に転任。77年水俣病センター・相思社設立に尽力、20年間理事を務めた。

奥さまのご苦労は

本田先生のお家は、ミシンの音が聞こえたりして、ひそひそと賑わっていた。私がご挨拶にうかがうと、おばあちゃまが出てこられて、うれしそうに手に持った白だすきを見せられた。

「だいぶ出来上がりよるですよ。お世話でございますなあ」

とおっしゃる。それは株主総会出席のための患者さんがつけるたすきであったり、若者が背中につけるゼッケンであったりした。たすきには「水俣患者巡礼団」と墨書され、ゼッケンの方には「死民」と大きく墨書されていた。いったいあれは、どなたが書かれた筆だったのだろう。一家中で取り組んでくださっていたのである。おばあちゃまこと、本田先生のお母さまは、当時おいくつであられたのだろうか。エプロン姿だったと思う。当時の本田家がどんなに大変だったか、常時、若者たちが出入りして、毎晩のように会議が持たれていたから、奥さまのお茶のご接待だけでも並大抵のことではなかったろう。

この頃、本田先生が言われたことがある。

「何しろ、人数が入りきらんもんですけん、とうとう組合から借りまして、ひと部屋造り足すごつしましたですたい」

本田先生は笑いながらおっしゃった。

「まあ、先々のためにもなりますけん、よございます」

私は上がり框の前に散乱している学生たちのドタ靴を思い浮かべて、大変恐縮したが、先生は、そのことを迷惑そうにおっしゃったわけではない。「告発する会」の代表をお願いして、本田家にどういう変化が起こったのか、ほんの一端を想像するだけだけども、奥さまのご苦労がいかばかりであったかと、今も拝察される。一家をあげて水俣のことに献身してくださったのである。

補償処理委員会に反対するために、厚生省に乗り込んだ時、私の息子も名古屋の学生であったが、その場にいた。本田先生が厚生省の扉によじ上って、省内の職員たちに向かって、大音声で呼びかけられた姿を見ていて、「荘厳なお姿じゃったなあ。ああいう人を生まれて初めて見た。獅子の王ちゅうような姿じゃった。一生忘れん」と言った。先生の呼びかけによって、厚生省内部から職員たちが、その日の内に反乱のビラを出したことは、後々の語り草となった。

私たちは、男性の理想的なあるべき姿を「君子」というけれども、目の当たりにする本田先生には、静かな気配の中に凛として後には引かない気迫があった。

県下の秀才を集めたと言われる第一高校から御船高校に移られて後、こう述懐されたことがある。

「わしゃ、今まで第一高校の生徒ばかり教えてきましたが、教育ということつば全然わかっとらんじゃったと思います。御船高校に移って初めて、人間の子に触れるという感じを持っております。ほんにありがたかですなあ。頭のよか生徒ばっかり受け持つというのは、教師としては片輪だと思います。生き甲斐が出てきましたですよ」

にっこり笑いながら、そうおっしゃった。御船高校と言えば、県下で名うての勉強嫌いの元気者が集まる学校として、有名だったのである。私はしんから偉い先生だと改めて尊敬し直した。こういう場合、ふつうの先生なら、左遷されたと大騒ぎするのだけれども、本田先生のような方がおられて初めて、学生たちは「学ぶ」ということを知っただろうし、先生のお教えは一生心に残るだろう。

井上光晴（一九二六—一九九二）

井上光晴（いのうえ・みつはる）

1926-1992　戦後日本共産党に入党するが、除名。被爆者や被差別部落の問題を取り上げた『虚構のクレーン』や、太平洋戦争中の学徒兵らを描いた『死者の時』などを執筆。大岡昇平らと共に戦後文学の旗手として活動した。さまざまな社会的な主題を、フォークナーなどの影響を受けた多次元的、前衛的な手法で描いた作風で知られる。ロシア文学やフランス文学の影響下の多い戦後派作家の中で珍しくアメリカ現代文学の影響を受けている。

光晴さん無念

屈託のない男性的な声だった。

九州からそうそう出てゆけないので、ときどき電話のお見舞いをいうしかなかった。声が沈んでいたことは一度もなく、病床から逆にこちらが励まされているようなぐあいだった。

めったに見ないテレビで偶然、井上さんの闘病記録を見てしまったのである。病名はある時期から聞えてきて、人は死に向うときに今一度、これまでの絆を結びなおすのだな、淡さも強さも仮の絆も、と思ったが、テレビの中の井上さんからはなんというか、光の固まりがはじけるような圧倒的な力が感じられ、なまじな見舞の言葉など消しとんでしまう。

拝見いたしましたと挨拶した。われながらおたおたしているのが情けない。すると井上さんは、あはあ、見られましたかと笑って、

「僕はですね、切られ上手なんですよ」

とおっしゃるのである。続いてあの野太い声で医師団の説明をなさった。

「この前、天皇の膵臓を手術した先生たちがいるでしょう、ご存知ですか」

たぶんわたしが、世間のことに暗いと思っておられるにちがいない。大急ぎで答えた。

「知ってます、知ってます」

「あの先生のチームなんですよ、僕を今度切ってくれるのは」

じつに淡々と聞えた。「はあ、それは」というようなことを言った。

「僕はもう、幾度か経験してますんでね、切られ強いんです」

会話の中に死という言葉はもちろんはいって来ない。しかし刻々と確実に迫ってくるその時に、すべてが集中しているわけだった。こういう映像が出来上る過程に立ち会われて、奥さまはどんなに大変でいらしたろう。三船敏郎扮する武将が何十本もの矢に射抜かれて、立往生する映画のシーンがあったが、それを思い浮かべてしまい、不覚にも涙が出る。

見舞いに伺ってよろしいでしょうかとたずねると、「ああ、来て下さい、待っています。でも直前にまた電話して下さい」とおっしゃった。いつも奥さまが出られ、間髪を入れずに光晴氏が替わられる。枕元にいらして手渡ししておられるのかもしれない。電話は残り少ないこの世との通路のひとつになっているのだろうか。お書きになりたいことが、くっきりくっきり、想いの中に刻み出ているであろうに。

そのときが来たら、わたしは井上さんのようにつよくたけき心で、ことを処理してゆけるだろうか。あちらでもこちらでも、死はこのようにして日常のなかにはまりこみ根を張っているのだ。今ちゃんとそれが見え、人の絆はそういうことを通して、結び直されるのだと、わたしは心をひきしめた。

井上家の楽しい食事が思い浮かぶ。わたしはめったなことでは東京へはゆかない。度外れに筆の遅いわたしに書かせようとしてのことだったと思うが、光晴氏は度々こう誘って下さった。

「あのね、東京にいらっしゃるなら、僕の家においでなさい。お昼がいいです。お昼御飯にいらして下さい。僕もその方がいいんです。家内はいろいろ作るのが好きでしてね。食べにいらして下さい。あなた酒はのまれますか。沢山あるんですよ、いろいろとね。じゃあ、来て下さいますね」

家内といわれる口調が断固としていたなあ、と微笑がこみあげる。

食卓のサイドテーブルに洋酒の瓶が色とりどりに並んでいた。何をあがりますか、これはいけますよ、とそのいろいろに手を掛けられた。残念ながらあれもこれもは頂けなかった。何が楽しみかと聞かれて、音楽に餓えているというと、氏は勢いづいたようにいわれた。

「ステレオをお持ちですか」

「いいえ、夢のまた夢です」

「あのですね、原稿がんばって書いて下さい、沢山。原稿料安いけれども、沢山書いて下さいよ。きっとステレオ買えますよ」

強い口調だった。思い出すだに、幸福な気分だった。『辺境』がはじまって間もなくの頃である。にもかかわらず、ステレオが買える程には、わたしは書かなかった。そのときのテーマは今なお発酵し続けているけれども、ちゃんとまだ形にならない。

上京準備をととのえ、「明日ゆきます」と電話をした。するとこういう声が聞えた。

「ちょっと待って下さい。今ね、この頃ですね、便通が思うようにゆかなくて、困っているんですよ」

光晴無念、という状態だとわたしは思った。

砂田明（一九二八―一九九三）

砂田明（すなだ・あきら）

1928-1993　俳優、不知火座（劇団）主宰。戦後佐分利信の内弟子となり約 20 年間新劇の舞台に立つ。1970 年『苦海浄土』に感銘を受け、東京・水俣病を告発する会の代表世話人となり、全国を托鉢行脚。翌年から一人芝居「劇・苦海浄土」を全国巡演。79 年から田上義春と農園を始める。その一角に慰霊の乙女塚を建立するため、一人芝居「海よ母よ子どもらよ・天の魚（いを）」の全国勧進公演を行い、92 年の最終公演で 556 回を記録。90 年、第 15 回紀伊國屋演劇賞特別賞受賞。

鈴鉦のひびき

「深み」めざした舞台人

朝の曇りの奥から蝉が鳴いてすぐにやんだ。梅雨が上るのかもしれない。時間というものは確実に流れるものだと、蝉の声をききながら思う。昨日、砂田明さんのお葬式にお参りした。

竹林の中の砂田夫妻の家。鹿児島県境の国道から左脇を少し登る。何事もない日は竹の葉が散り敷いてよく風が通る。その小径に、ぎっしり弔問客がつめかけていた。

もう少し、今年いっぱいくらいは保《も》てるのではと思っていた。ひょっとして奇跡が起きて、末期の癌から生還されるかもと、束の間期待したりもした。いったん潰れてしまったお声が、出るようになった時期があった。起きて食事をされたこともあった。

声がいのちの俳優にとって、それが出なくなるとは、いかばかり絶望的であることか。

言葉はしかしよく聴きとれた。見舞う度毎に繰り返しおっしゃっていた。

「今度舞台に立ちます時にはね」

そして羞《はにか》んで微笑みを浮かべられた。

「もっと深いところへね、行けそうな気がするんです。道子さんおわかりですね」

「はい」とお答えした。去年（一九九二年）十一月、水俣での県民文化祭の舞台でのことをいわれているのである。いつか水俣の市民に観て貰える時が来るように、と念願しておられ、初めてそれが叶ったのだった。

「もう、躰ははげしく動かせませんけれど、もっと深いところへ行けそうな気がしたんです。やらせて下さいますか、あとも」

ええ、ええ、よくなられたらいつでも、と申しあげた。

『十六夜橋』、あれ朗読させていただきたいですねえ。どなたかお申し込みありません？」

なんと意欲のあることか。この世は舞台だとこの人は思っているに違いない。わたしは役者というものをはじめて見たような気さえした。砂田さんのいわれる「深い所へ」というのはよくわかる。一つの劇を何百回やろうと、役者にとって生の舞台はそのとき限りの勝負である。観客の反応にいまひとつ、予感される未知の領域がある。そこへ向けてさらに深い一体感が得られないか。

演技上の省略と、間《ま》が必要である。かぎりなく能に近づけるだろうか、とわたしも想い、話しあうつもりであった。ひたむきなご精進だった。

『苦海浄土』が出てすぐ、芝居にしたいとお申し込みがあり、魂《たましい》入れの水俣巡礼を思い立たれた。ご出発の旅姿を東京からお見送りした。晴れた日であった。まっさらの白衣と振りあげられた笠の下のお顔の清々しさが目に灼きついている。

巡礼一行はカンパを集めながら、「列島改造」が稼働している中を縦断して、「熊本・水俣病を告発する会」や水俣の市民会議、患者さんらに迎えられた。熱い出逢いがあり、水俣入りを果たされた。水俣の家でわたしはご一行を迎え、田舎料理でねぎらいの小宴をはった。患者さんたちとの出逢いのさまは、土本典昭監督の映画『水俣――患者さんとその世界』に撮影されて今も観ることができる。

患者さん方も砂田さんも若々しく、その表情がまことに美しい。葬儀の場でそのことを想っていた。被害民らの苦難の歴史の中で浄福ともいえる一瞬ではなかったか。有難いことである。

柩に釘がうたれる前、夫人がひざまずいて声をかけられた。

「あきらさん、あきらさん…、あなた…、あきらぁ」

おとなしやかな、澄んだお声が胸をうつ。睫《まつげ》の長い死顔だった。

「お話ししたいことがいっぱいあるんです」とは最後にきいたお言葉だった。

声が出なくなってから、砂田さんはよくベッドの端をたたいて夫人を呼ばれた。その小さな金属音のひびきが、あの巡礼のときの鈴鉦の音色と重なって、今も耳によみがえる。

土本典昭（一九二八―二〇〇八）

土本基子提供

土本典昭（つちもと・のりあき）

1928-2008　記録映画作家、ルポルタージュ作家。1956年岩波映画製作所入社、ドキュメンタリー制作に携わる。翌年フリーになり、63年国鉄のPR映画「ある機関助士」で監督デビュー。65年に初めて訪れた水俣市で、水俣病患者の現状に衝撃を受ける。『ドキュメント　路上』『パルチザン前史』（69年）などを経て、71年『水俣――患者さんとその世界』発表以降は、水俣病問題に取り組み続け、同作を含む17本の連作を製作。

光芒を放った日常

映画のスタッフが来るという噂が伝わると、村の人たちは美男美女たちが来るとばかり思いこんで、胸をときめかせて待っていた。

「なぜ、スターたちがやって来ないのか」と尋ねられ、わたしは「恋愛ものではなかようですよ」とあいまいに答えていた。

人々は疑わしそうに言うのだった。

「カントクさんは、もののわかった、声のやさしか人じゃがなあ」

声のやさしか人物だから「恋愛ものがつくれるはず」という考え方につ

いて、土本さんに話したことがある、土本さんは羞《はにか》んで、こう言われた。「いやあ、恋愛ものねえ。うふふ、創らない主義じゃないんだけど」

まわりにいたヒゲ男たちがくすくす笑った。

「恋愛もの」にはならなかったが、『水俣――患者さんとその世界』（一九七一年）という記録映画には情愛のこまやかな夫婦の姿がさりげなく出てくる。たとえば、水俣病になった夫のこぼすご飯つぶを、妻が丹念にひろって食べる場面などがある。

へんてつもない夫婦の姿だが、ふかぶかと胸をうたれる。水俣病という事態がかぶさったことによって、人間関係は深化し、この人々が低い声で語る日常が、全人間的な光芒《こうぼう》を放っていて、土本作品の人々の表情は、実に美しい。

やさしい阿修羅

都会のインテリといえば、合理的で人間関係など割り切っている人が多いやに思える。記録映画作家の土本典昭さんという人は、まったくちがった。

友情に厚く、玲瓏《れいろう》玉のごとき人柄だった。芸術家だから単純なはずはないが、天性のやさしさが、かの人柄をつくっていたのかと思う。スタッフをひきいて水俣入りをなさった時、村はさざめいた。映画監督という人種を見るのは、はじめてだったからである。

「ロケーションちゅうとのあるじゃろうな」

「見にゆこうぞ、みんなで」

村民たちはそう言いあった。水俣を撮るらしいとわかって、首をひねった人たちもいた。「何の面白かことのあろうか」と。

数ある作品の中で原点となった「水俣――患者さんとその世界」の中で、名人といわれる人が、タコ採りをする場面がある。場所はチッソの真裏にあたる水俣湾である。

映像であらためて観《み》ると、この海べが、いかに生命感あふれる漁場であったかと胸うたれる。タコ採り名人の全身的な愛敬と、生きて動き回るタコの愛敬とが、軽妙で重層性のある背景音楽にのって画面いっぱいにひろがるところなど、観る者たちを至福といってもよい気分にさせる。

水俣病以前、この地方にはおおらかで上代的な、神遊びに近い漁法がさまざまあった。今は、考え方も労働も、暮らしの中身も、田舎なりに近代化されたわけだが、私どもは大切な何かを失った。何を失ったのかさえ、思い出せないかもしれない。

原始採集漁民、という言葉がある。おくれた職業というふうに意味づけて。働く実感さえもてない職種が出てきたこの時代に、遊びに近い労働の妙味が失われたことを、土本典昭さんは映像で表現してみせた。

この場面にかぎらないが、それはこの人の並ではない芸術的資質によってすくいとられたのだと思う。生きていらした土本さんに、このことをお伝えすべきであったのに。

記録映画作家のすごさというものを、わたしは三里塚農民を撮りつづけた小川紳介監督にも感じていたが、このお二方に共通していたのは、声と、もの腰のやさしさだった。よもやお二人が、みんなより先に逝ってしまわれるとは、思いつかなかった。
最後にお目にかかった時、土本さんは明るい声でおっしゃった。
「酒も煙草《たばこ》も、医者の薬もやめたんですよ」
糖尿と癌《がん》であったはずだが、やさしい阿修羅《あしゅら》とはこういう人かと思って
お顔を見直した。白いアゴヒゲが神々しかった。
「お逢《あ》いする度、上品になってゆかれますね」
本気でそう言った。
亡くなられた前夫人との間には、亜理子さんなるお形見がおられ、お孫
さんもいらっしゃる。最期を看取《みと》られた基子夫人は、「花の谷通信」なる
看病記を知人に送られた。生命焉《おわ》る人と看取る人との馥郁《ふくいく》とした世界が綴《つづ》
られている。

石田晃三（一九三〇—一九八五）

石田晃三（いしだ・こうぞう）

1930-1985　大阪府生まれ。49年京都大学入学。53大映入社。56年本放送を開始した大阪テレビ放送にアルバイトとして入る。58年毎日放送に移籍。本格的なルポルタージュ番組を手がける。70年「公害への挑戦」で日本各地を取材、公害問題の告発を生涯の作品テーマとする。81年「映像80」プロデューサーとなり、4年連続「地方の時代映像祭」優秀賞受賞。「神戸新開地～幸福荘界隈」が文化庁芸術祭テレビドキュメンタリー部門優秀賞などを受賞。

天の微光の中に

癌で死ぬ四、五十代がふえたという話を裏づけるように、ゆかりを持った人たちの死の便りが、ここ数年来、とどけられてくる。

それもほとんど男性で、含羞にくるみこまれた深い知性といい、潜められている熱情といい、なによりも若い人たちのよき相談相手であって、慕われていた人柄の方ばかりだった。

生前、ご自分の死を予感しながら訪ねて来られたお方もあった。大阪毎日放送のディレクター、石田晃三氏である。

三度目の水俣入りで、当初のカメラの方とご一緒だった。はじめてのときから考えてみると、最後との間は、一五年くらいたっていたろうか。テレビの方々はとてもお忙しくて、突出したレンズを先頭にして、人は機械の一部のような感じで来られることが多い。あっけにとられている間にどさっと帰られて、あの人たちは、なにをしに来られたのかなと、こちらも忘れやすい。

事柄の表層を、遠慮会釈もなく、らんぼうに切りとって行ったような映像を、たまに見ることがあって、品性をつちかうというような深い時間が、なくなってゆく時代だと、つくづく思われるのである。

水俣にはそういうテレビ屋さんもよくみえるから、石田晃三氏の一行がみえたときは、水の気配のような静けさと香りがあとに残った。ずかずかという感じは、これっぽちもなかった。メディア産業の尖兵、というような、テラッとしたお顔でもなかった。

事態のニュース性ではなく、そういう場合の人の心の普遍性のようなことを、ぽつぽつ、語り合った気がする。なつかしい人が訪れて、ひさしぶりにお茶の時間を持ったという感じだった。

あとでその時の透明な時間が、心の泉に澄んでいるのを感じることがあり、石田さんという方の磊落《らいらく》さの中味は、デリカシーと繊細さで澄んでいたのだろうと思うことだった。

最後にみえられたとき、あまりに痩せておられたので、胸をつかれてお迎えした。

前の時よりももっともの静かなおたたずまいで、ご一緒のカメラの萩原さんは、石田氏をそれとなく気づかっていらして、目顔がじつにやさしかった。

「ああ、水俣に伺うと、疲れましてねえ、やりきれません。やっとホッといたしました。ここに伺いましたら」

そうおっしゃった。お仕事が済んでから、見えられたようだった。

「少し、ほそくなられましたか」

げっそり、という言葉をさけた。

「いやあ、少しどころではありませんよ」

いやあ、と声をあげられたとき、ぱあっと、むかしの眩しげで羞《はに》かんだような表情になられた。

「だいぶ体重が落ちましたんですよ。糖尿が出ましてねえ、酒が呑めないんですよ」

前にいらしたときお酒がお好きそうにみえた。そのとき、お酒をお出ししておけばよかったと悔やんだ。

けれどもわたしは、テレビや新聞のご用でみえる方に、こちらから馴れることを、かたくなに禁じているところがある。

「今度はいつ伺えるでしょうかねえ、もう伺えないかもしれないなあ」

お帰りがけにそういわれた。

「お仕事を離れられてから、ごゆっくりいらして下さいませ。そのときはお酒をさしあげます」

そう云った。

「それは嬉しいなあ、ほんとに。仕事を離れて伺いたいものですねえ」

微笑まれた。目元がなつかしげで、深い光を湛えていた。今生の別れ、そういう気がした。後ろ姿をお見送りしながら、呼び戻したい衝動にかられた。死の方に向かってゆかれる後ろ姿に。

呼び戻して今しばし、天の微光のさすようなひとときを持てばよかった。

田上義春（一九三〇—二〇〇二）

田上義春（たのうえ・よしはる）
1930-2002　水俣病互助会会長、元水俣病補償東京交渉団長。1956年7月に水俣病を発病し、熊本大病院に2年半入院。73年水俣病一次訴訟の原告として勝訴。東京交渉団長としてチッソと交渉、補償協定調印を勝ち取った。77年から水俣病互助会会長。「水俣病の犠牲となったすべての生命の魂を慰めたい」と、石牟礼道子ら支援者とともに「本願の会」を組織。

田上義春さんを悼む

高い志、上品《じょうぼん》の世界の住人

野にあって目立たぬよう心掛けて生きている人がいる。運がいいというか、悪いというか、水俣病の受難にとらわれて出てこられた。人間の歴史がつくった至宝——それが田上義春さんだった。

昭和三十一年に発病、劇症で最初の学用患者となった。水俣に帰って来た後、(水俣病患者特有の視野狭さくのため)本来はしないほうがいいのにトラック運転手をなさった。ところが、これで視野が横に広がった。原田(正純・熊本学園大教授)先生も「こんな人はいない」と話されていた。話を聞いてほしい時は、みんな決まって義春さんを頼りにした。いつも黙って話を聞いた後、適切な一言があった。

チッソ交渉の席でも人柄が出ていた。いつも静かで、激する人だった川本(輝夫)さんとは対照的。社長に向かって「あんたたちは、学校はどこまで出なはったな」と問う。「東京大学を出ました」という答えに「東大は人間に対して、何ば教える学校かいた」と重ねて尋ねた。「家族はおんなはるか」とも。しっ責するでも非難するでもなく、慈しみのこもったまなざしと声。その場に居合わせたみんなが考え込む、〝豊かな沈黙〟が流れた。もちろん、義春さん本人も考え込んでおられた。

補償金が出た後のお金の使い方も見事だった。熊本と鹿児島の県境、神ノ川に求めた土地に構えた自宅は自分で建てられた。ふろ場も作った。雨水をためて畑に使う仕組みやそれだけでは足りないので、川の水をくみ上げる装置を作るなど生活の達人でもあった。小屋まがいの家でも快適に暮らせるよう、あらゆる工夫がなされていた。家は五〇メートルほど坂を上ったところにあり、体にきついのではと思ったが、「これも訓練ですバイ」ということだった。

いつのころからか、私の家にもよく遊びに来てくれた。ミツバチの営みに感動した話。ウサギを捕る話、牛の話……。非常に専門的な勉強をなさっておられた。飼っておられた牛の名前は「おしん」。県の品評会で一等になったこともあった。

「後半生はこっでいかんばいかん」。本願の会では手彫りの野仏さまを置くことを始めた。すべてをのみ込んで死んでいった人たちと、自分たちが今日まで生きてこられたことを祈らずにはいられない。患者自身が何かを残したいという思いもあった。

埋め立て地に野仏さまを置く時にみんなで県庁に行った。「野仏さまを置きますけん印鑑をくれ」と。知事は留守だったが、記者クラブで埋め立て地がかつていかに楽しく大事な場所だったのかを、義春さんは「はまんこら（海辺）」「ナミウオ（イルカ）」などの月浦弁で説明していた。記者はきょとんとしていたが、私には〝至楽〟の時間だった。

義春さんに最後に会ったのは二カ月ぐらい前。こちらの顔を見ようとしても義春さんの目は近づく力がなくなっていた。自分の中に帰っていく、過去の自分のどこかの時代に帰っていくような……。倒れられて七年余。治りたかったであろうに。

義春さんは上品《じょうぼん》の世界に住んでいた。普通の人並みの生活をしていながらも高い志。「天性の詩人」「天性の哲学者」であり「おおらかな生活者」だった。水俣病は受難だが、こういう人とご縁をいただいた。生きていく上で、かけがえのない同志を失った。至宝のような人がこの世では平々凡々とした姿でおられたことを、ありがたく思う。

川本輝夫（一九三一―一九九九）

久保田好生撮影

川本輝夫（かわもと・てるお）

1931-1999　チッソ水俣病患者連盟の委員長、水俣市市議会議員。父は新日本窒素肥料株式会社に勤めていたが 61 年発病。地元の精神病院に勤めながら准看護士の免許を取り、劇症の父を看護したが父は 65 年他界。本人は 67 年ごろから手足のしびれが始まり、翌年認定申請を行って 2 回棄却、認定申請棄却処分に対する行政不服審査請求で 71 年に認定された。潜在患者の掘り起こしに努め、自主交渉派を牽引。市議会議員選挙に無所属で当選、三期務めた。

川本輝夫さんを悼む

川本輝夫さんは戦死した、とわたしは思う。あるいは戦病死というべきか。高度成長期に滲み出して来た地域社会の、精神における病疾にも、あますところなく身をさらして果ててしまった。背後から刺さる無数の矢傷が、あの痩身にこたえなかったはずはない。

最晩年、和やかな目元をして孫の手をひき、スーパーマーケットやパチンコ店にあらわれたりした日があったとしても、熱度高く燃えつきた人の僅かな余日にすぎなかった。

潜在患者の問題を抱えて東京で座りこみをはじめた一九七二年初頭、この人は綿入れ半纏姿だった。それは水俣月浦あたりの民俗をよくあらわしていたが、たちまち支援の若者たちがこれに習った。雪の積む真冬、丸の内チッソビルあたりの路上しか、寝る所のなかったこの人と患者たち、そして付き添いたちに、綿入れ半纏やチャンチャンコはもっとも安上がりな防寒着でもあった。

風呂にも入れず垢まみれだったこの風俗は、その中身に、二十一世紀への哲学や人間への希望や、いまだに読み解かれぬこの国の前近代の遺民の心性を包みこんでいた。今世紀を総括せずばやまないほどの絶望と、それは抱き合わせにもなっていたのだった。

強面な人とばかり思われがちなこの人が、じつに頑是ない幼児のようになってしまった姿を、間近に見たことがある。前年十二月、チッソの中の部屋で、他の患者たちと共にはじめて島田社長と対面し、食事抜きで延々一三時間も話を交わしたことがあった。

老齢の社長が体力気力、ともにこたえたらしくて貧血を起こした。長い年月、思いつめてこの出合いを待っていた患者の中には、会議室とも思える床に、じかに横になっている人もいた。

川本さんは、医者が呼ばれる前にソファーに横たわった社長の首を、思わずかき抱こうとした。その手つきはとても不安定で、やるせなさそうに見えたが、暫くして充血したその目からわらわらと涙がこぼれ落ちた。まるで社長の顔を浄める聖水のようだと思ったのは、次のような言葉がこの人の口から出てきたからである。

「……俺《おる》が、鬼か……」

彼はそう呟くと泣きじゃくりはじめた。現地水俣ではまるで逆賊のように、川本さんを非難する新聞折り込みビラが二、三日ごしに出されていた頃である。

社長が鬼だとは彼は言わなかった。嗚咽の合間にとぎれとぎれに言葉が出てくる。社長に言うというより、自分の内心に向かって語りかけているようでもあった。

「俺の親父は」

社長の寝顔から、親の死に顔を連想したにちがいなかった。哀切きわまりない声音であった。

「親父は……精神病院のな、畳もなか部屋で、檻の中で……誰にも看取られずに……一人で死んだぞ……」

チッソの社員たちがおろおろと社長を取り囲み、かしずいていた。川本さんの言葉は聞こえているのか、わからない。父上の症状は典型的な水俣病の劇症であった。

「ひと匙なりと、米ば、米の粥ば、口に入れてやろうごたったぞ」

女性の患者たちが目頭を押さえている。思いは皆同じなのである。

「そん米ば買う、銭もなかった……」

もし米が買えても、精神病院に入れるほどに重態であったならば、嚥下障害で、水粥も咽喉を通らなかったであろう。社長がかすかに肯いた。川本さんは身悶えしながら声を振りしぼった。

「わかるかな、社長」

部屋を満たしているのは、ただただそれぞれの、ゆきどころない孤独のように思えた。

通夜の晩はとても寒かった。国道三号線に面した県境の村はいつもは閑散としているが、川本家の前は人波と車があふれ、近所の人たちが交通整理をしていた。

この人の補償金は運動費に消えたであろうと想像がつく。生活はミヤ子夫人のパートの収入で支えられたのだろうけれども、苦労も嫌《いと》わぬ相手を失って、夫人はどんなに辛かろう。

二人の遺児が立派に育ったのが、わたしたちにも慰めである。

宇井純

（一九三二—二〇〇六）

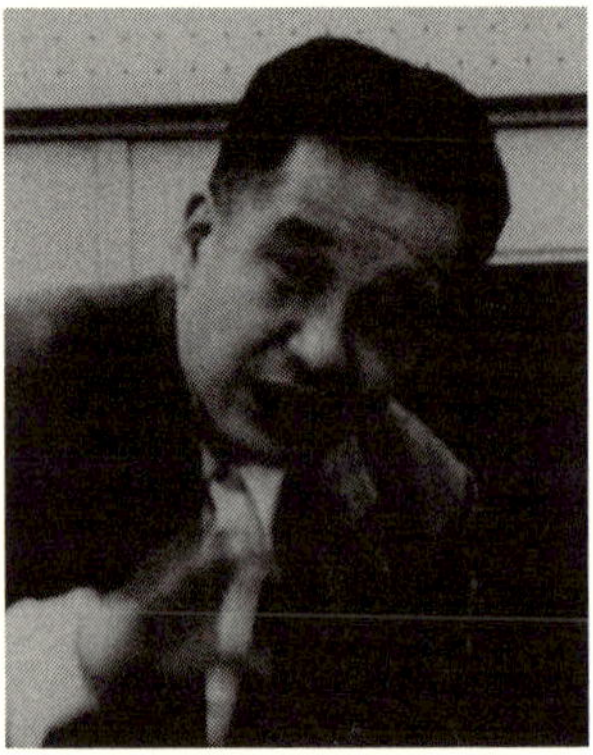

宇井純（うい・じゅん）

1932-2006　日本の環境学者、公害問題研究家。沖縄大学名誉教授。富田八郎のペンネームで水俣病を告発し、新潟水俣病訴訟や公開自主講座「公害原論」でも活躍した。専門は下水道。東京大学工学部卒業後、日本ゼオンを経て東京大学大学院修士課程修了。その後、同大学で21年間助手を務めた後、沖縄大学教授、地域研究所初代所長、特任教授を歴任。UNEPグローバル500賞、アジア太平洋環境賞等を受賞。

小さな声の宇井純さん

茫洋とした顔つきで宇井さんは私の家に現れた。「宇井と申します」。今は亡き赤崎覚さんが我が家に来てお相手をした。私の関心は何よりも水銀とは何だろう、ということだった。体温計の水銀しかみたことがなかった。体温計の水銀を取り出して海に流すとします。どのくらい流せば膨大な患者が出るのか。あんな高価そうなものをそんなに海に流せるでしょうか。小学生が考えそうなことを宇井さんに根掘り葉掘り尋ねた。宇井さんはそこが僕も不思議なところです、とおっしゃった。

東大の先生でもなく、学生でもなく、助手だという。私といえば、高校にも行ったことがなく、大学ももちろん知らない。そのころ宇井さんは東大で現代技術史研究会を作ったと話された。日本の技術史の盲点に今までのようなことがおきるのであろう。私は考え、その会にゆくことにした。宇井さんは会話のなかで、なにげなさそうにおっしゃった。「実は有機水銀を食べるバクテリアを飼っているんですけれどもね」。宇井さんに飼われているバクテリアのことが知りたくて私は東京まで行ったような気がする。その後、東大の都市工学部で始められた自主講座。一体どのくらいの人たちが出入りしたのであろうか。あの自主講座で育てられた人たちはおびただしいのではあるまいか。第一回の東京における水俣の集会が都市工学部を半ば占領して行なわれ、「東京・水俣病を告発する会」が発足した。小声で話される宇井さんが実に頼もしかった。ニトロをポケットにいつもしのばせて、奥さんのことをいつも気にかけておられた。

多田富雄（一九三四―二〇一〇）

多田富雄（ただ・とみお）

1934-2010　免疫学者。東京大学名誉教授。1971年に抑制（サプレッサー）T細胞を発見する。野口英世記念医学賞、朝日賞（81年）、文化功労者（84年）、瑞宝重光章（2009年）。50代から執筆活動を活発に始め、『免疫の意味論』（1993年）で大佛次郎賞。2000年に脳梗塞で倒れるが、回生の過程を描いた『寡黙なる巨人』（07年）で小林秀雄賞を受賞。新作能の作者としても知られ、『無明の井』『望恨歌』『一石仙人』『原爆忌』『長崎の聖母』『沖縄残月記』などを発表。

病の中、能で示した免疫論

お亡くなりになる五日ほど前であったか、ご容体を伺いに、藤原書店の社長さんがお目にかかりに行かれた。ご容体はよいとは見えなかった。

「何か希望があれば、気分転換になるのだがなあ、と思いましてね、石牟礼さんと、また往復書簡をやってごらんになりますか、と言うてみたんですよ」

「そしましたらね、目をつむっておられる表情のまま、何ともいえない美しいお顔になられて、微笑されたんですよ。僕、ああ、ありがたい、のぞみはあるなあと思いまして、『いかがでしょうか、またお手紙やりとりなさいますか』とお伺いしてみたんです」

私は私で考えていた。

『言魂《ことだま》』という書名で本にして頂いた往復書簡集の第一信で、多田先生は幾度も、『苦海浄土《くかいじょうど》』という書名の哲学を、教えてくれと仰せになったのだった。にもかかわらず、私は明確な形ではお答えをしていなかった。細部を読んで下さいませ、という気持ちがあり、何よりまだ出来上がってもいなかった。なんという厄介な作品を抱え込んでしまったことか。

それよりは私にとって、多田富雄という免疫学者のお人柄が、よっぽど精神のほりが深くて、深遠で、劇的な存在に思える。

この方の頭脳と胸の中にしまいこまれている生きた細胞たちの、世界史的動向に圧倒されながら、鳥のすり餌のようなどろどろのお食事を召し上がっておられることをおもう。

ある時は胡麻《ごま》の香りを感じて、人間らしい感情を持つことが出来たと記されてあるのを読んでは泪《なみだ》をこぼした。

このようなことを記す合間にも
「前立腺癌《がん》は、いよいよ時が来たらしく」

「最大の苦痛は、照射を始めてから日増しにつのる排尿障害です。放射線によって痛めつけられた癌細胞は、アポトーシス（細胞の自殺）を起こす前に浮腫で大きく腫れ、次第に尿道を圧迫したのです。癌細胞も断末魔の抵抗をしているようです」

「石牟礼さんのみならず、読者の顰蹙《ひんしゅく》を買うことも顧みることもできない状態なのです」

全身全霊でこのようにお書きになったそのお姿から目をそらすまいと思

いながら読ませていただいた。

このような疾患を抱えながら多田先生が「リハビリ日数制限反対運動」と、新作能『一石仙人《いっせきせんにん》』上演に取り組まれたことは、『免疫の意味論』の中でひときわ説得力のある超《スーパー》システムを自らお示しになるためだったと思われる。

新しい演劇の古典になるであろうアインシュタインの別名、『一石仙人』なる新作能が空海の東寺を舞台にして上演されたことは空前絶後の芸術的壮挙で、先生ご自身が構想され、手助けをする人々がいらしたとしても、先生が演出をなされ、さらに尿路カテーテルを真っ赤にしながら、これをご覧になることが出来たのは何よりのことであった。

孤城

訃報がとどいた時、私は、冥府へ向けて書くかのごとき一文を、草しておりました。

いつお果てになられても、不思議ではない御病状を直視しつつ、言葉選びをしていた手元が、ひととき止まりましたのは、昏《く》れ入る海の面《おもて》が、幾重にもよじれていたからでございます。

ああもうこれで、ご返信は来ないのだとわが胸に云いきかせました。二回目の往復書簡を続ける返事を藤原良雄さまに伝えたばかりでした。

いまわの時刻が刻々と近づいている中で、鎖骨が折れましたとか。一人の全生涯を死に至らしめるのに、ここまで入念に致命的な打撃を与えねばならないのでしょうか。富雄先生は全面的にそれを受容なされました。十字架から下《おろ》された聖なる人を迎える気持になって、私は遠い所からこのお方をお迎えいたしました。

式江さまのご悲嘆はいかばかりか。これから先のおさびしさが、ご心身をいためないよう、お祈りするばかりでございます。奥さまの、想像を絶するご献身のおかげで、私ごとき者まで、先生の最後期の思索の、お伴をさせて頂きました。

理論にはほとんどなりえない私との文章のやりとりに対して、先生は『言魂』のやりとりであるとおっしゃって下さいました。この上ない書名をたまわり、お形見と思い、大切にいたしております。

そもそもは御高著『免疫の意味論』『生命の意味論』を人間学研究会の仲間と読んだことが、ご縁のはじまりでございました。

ことに、『生命の意味論』のまえがきで、

「わかりにくい所は飛ばして読んでいただいてさしつかえない。またどこから読みはじめてもかまわない。」

とお書きになっているのが、おそるおそる読んでいた私には天の声とも聞え、読書の極意をさずかったかのように、宇宙の詩情を交じえながら読めるようになりました。

理解力が拡散して、元へもどって来ないことがありましても、今のところ私はこの御著書を、二十世紀への創世神話として読んでおります。先生が御亡くなりになられてからは一層その感じは強くございます。

何者でもないただの一もの書きが、台所の隅で細胞のことなど考えておりますと、この世紀をアニミズムでとらえ返してみたくなるのですが、それというのも、ご著書の中に、「元祖細胞」というのが出てまいり、私は常ならず親愛の情を抱きまして、エプロンのポケットに、元祖細胞を入れて連れ歩くようになったからでございます。

「ここに元《はじめ》の祖《おや》　細《こまか》き胞《あわ》の命《みこと》いでまして
天地《あめつち》の間のことを語り給ひき」

などと呟きながら多田先生のご受難を考えていると、制度として発達した文明社会では、肉体や魂を持った学問は、制度への供犠としてあつかわれるのではないか、そういうことにはさせまいと思ったことでした。

東京の友人が二年前のご夫妻の、新聞写真を送ってくれました。のどに食事用の管を入れて、式江夫人が「よごさんすか、よござんすね。入りますっ、ポン」とおっしゃって、命がけの食事がはじまります。たぶんそれが無事にすんで、くつろぎのお時間なのでしょう。じつにおしあわせそうな、あけっぴろげなお写真をみて、涙がこぼれました。――こういうしあわせもおありだったのだ、よかったよかった。

最後のお手紙には、本郷の「孤城より」とありました。免疫学の世界的権威とうたわれながら難病に倒れ、ご不自由な躰をひきづってリハビリ問題の先頭に立たれたり、農業を基本にすえた、文明論を立案なさったり、この「孤城」は、後世へのみちびきが、なつかしく灯っているお城となりました。

あの世との交信を考えはじめています。『生命の意味論』につなげて、神話と申しあげるゆえんでございます。

＊　＊　＊

ＮＨＫの取材班が、亡くなられるひと月ほど前に、「今もっとも、おっしゃりたいことは何でございましょう」とお伺いしたのに、二〇分くらいお答えがなく、お暇しかけた時に、先生がベッドの上の人工音声機に打ちこみはじめられたそうでございます。

「今はこんな状態でとっさに答えができません。しかし僕は、絶望はしておりません。長い闇の向こうに、何か希望が見えます。そこに寛容の世界が広がっている。予言です」

「失語症の集いイン首都圏」に出席された感想が、最後に近い『落葉隻語』に記されています。

――わずかな理解者と患者たちの協力、親身に努力してくれる言語聴覚士やボランティアの力で開かれ、五百人を越える人が集まった。身体の不自由さに加えて言葉が操れない悲しみは健常人の想像を越えたものがある。社会から疎外されて人との交流も少なく、孤独な戦いの連続である。私が言葉を失った体験を話し終ったとき、聴衆から「多田先生！」という声が上がった。私も精一杯の声を張り上げ、「ハーイ！」と答えた。社会からは疎外された人たちだが、外にはやわらかい秋の日差しが、さんさんと降り注いでいた。――

多田先生は、新しい出逢いをされつつあったのではないか。人間を見る視点はさらに深まって、「希望」も「寛容」も普遍性をおびながら、この会場の交流のなんと初々しいことでしょう。

言葉だけでなく、存在自体も無化されて、次の時代の土壌となるときがくると思います。受難のはての深い沈黙の上を、歴史の中の影が一人、また一人と通ってゆくようでございます。

先生が、通ってゆかれました。この上なく初々しいご自分の魂を灯りにかかげながら。
お邪魔にならぬよう後ろからついて参ります。いつかは、魂のきずなというものがわかるかと願っております。

ハゼの子ら
豊葦原の
葉にねむる

稲の花
かほる地平や
朝の霧

八田昭男（一九三四―一九八四）

八田昭男（はった・あきお）

1934-1984　愛知県生まれ。1943 年中国から引揚げ。60 年 NHK 入局、長崎放送局に配属、ラジオ番組の制作にあたる。その後テレビ番組制作に移行、毎年原爆特集番組に関わる。67 年長崎べ平連結成に参加。69 年福岡放送局に転勤。82 年石牟礼道子訪問インタビュー番組制作。九州地域の生活や文化を伝える番組を数多く制作するほか、生涯、創作ノートを書き続けた。

含羞に殉ず

ＮＨＫ福岡局の八田昭男氏が亡くなられたというお便りを、同僚の片島氏からいただきました。お知り合いになって、半年と経っていませんでした。文面は抑制されていて、痛恨の深さを感ぜさせられました。八田氏との間柄をしのばせて、せつないことでした。

テレビの方々に対して、わたしはある禁忌を自分に命じています。企画をお受けすることがあっても、おめにかかった方々に、友情の深入りをせぬよういましめているのですが、八田さんのご遺稿を拝読していて、いまそれがとても悲しく思われます。

この方の中心課題は、それが知性であるべき「優しさ」というものだったと思われます。

わたしはその「やさしさ」に、衝撃を受けます。終始、表現というものにこだわり続けられていたようですが、わたしなどが容易に書けない、「やさしさ」ということばが、八田さんが書かれると、昇華されてくるのはお人柄だからでしょう。

男の心性というものは、このようにも誠実で美しいものだったかと、瞠目する思いです。

生きるということは、まことにお互いむごいところがありますけれども、それでも生のすべてをかけて、やさしさというメッセージを送りつづけていらした志をあらためて思うことです。日常という闇が、この大情況が、それを呑みこみつづけていた、ということをあらためて思います。今もわたしたちが引き継いでいるそのことを。

人が死ぬということは、その人とより深く逢いなおすことのようです。生きているうちにそれが果せぬゆえに、人は美しくなって死に向うのでしょうか。

自分のことを考えてみても、わが胸の底のここには、思い沈んでいることば達がいるのですけれども、誰かが手をのべて、それをすくい上げてくれないかとは思うばかり、書いても書いても底に残って、死んではじめて、そういうことだったかと、残った誰かが思い当ってくれることになっているのでしょう。

まあほんとうに八田さん、生きていらした時、「わたしの手に負えないものたち（二）」という詩の、——わたしの優しさ、という一行を読んでいればようございました。

わたしもいつかそちらへ行くことですし、少しは同じ資格になれて、表現しきれなかった、美しさということについて、語りあいたいと、切に思います。それにしても、八田さん、このご遺稿は、ご生前をあんまり知らないわたしには、美しい導きです。

そういう意味で、死は、生者と結べるただひとつの深い媒体かもしれません。

「そして君のはたちは……」と書き出された、長崎べ平連のビラにはことにも胸うたれます。

傷ついてなお、荘厳な獅子がここにいるからです。

知性ということは自己の含羞のようなものに殉じることでもあるのかと、ありし日のお姿をなつかしんでいます。

原田正純（一九三四—二〇一二）

原田正純（はらだ・まさずみ）

1934-2012　鹿児島県生まれ。熊本大学医学部で水俣病を研究、胎児性水俣病を見いだす。患者の立場からの徹底した診断と研究を行う。熊本大学退職後は熊本学園大学社会福祉学部教授として環境公害を世界に訴える。1989年、『水俣が映す世界』（日本評論社）で大佛次郎賞。2001年、吉川英治文化賞受賞。2010年、朝日賞受賞。2011年、KYOTO地球環境の殿堂入り。

水俣病患者支え続けた笑顔

熊本の天草にいる友人が、原田正純先生の訃報を知って、深いため息とともにつぶやいたという。

「……草も木も、みんな泣きよる……」

私も泣きたくなる。これから先どうして生きてゆこう。人見知りの強い私が、水俣のことをご相談するのは、限られた患者さんたちと、人の生くべき道を身をもって示して下さった原田正純先生だった。なによりもあの笑顔。今や五十代半ばになった胎児性患者たちが幼児の頃、村の公民館で熊本大の先生方による検診を度々受けていた。村々では井戸が消毒され、猫が海に飛び込んで全滅するなど異常が続き、検診会場にも困惑した気配がただよっていた。その中で、子供たちが一人の青年医師の白衣にすがりついて甘えているのをしばしば見かけた。この方が後に、胎児性患者の存在を立証された原田先生だった。

母親の胎内というものは、侵すべからざる神聖なところで、外界からの毒物は侵入しないというのが当時の医学的定説であった。二人の小児患者を持つ母親から「おこられて」、胎児性がありうると考えはじめた、と先生はおっしゃっていた。

奥さまとの楽しげであった最晩年を思い出す。奥さま手作りの味噌豆腐や栗の渋皮煮などを小びんに入れて、いかにも嬉しげに来宅されたのは、三カ月くらい前だったか。なぜか晩年、度々大病を患われ、講演中にぶっ倒れられたこともある。

その度に奇跡かと思うほどよくなられ、よくなられたと喜んでいると、もう水俣の患者さんのところへ。私は大腿骨《だいたい》と腰を骨折して以来、外へ出かけられなくなっている。原田先生のお噂をうかがって、水俣の様子を知りたい、と思っていると、先生からお電話があったり、お見えになってくださったりした。

「いやあ、この前は抗がん剤をのまされましてね、頭がつるっぱげになっとりましたですよ。幸い生えてきたもんですから、お見舞いにうかがいました」などと冗談をおっしゃりながら、この仕事場にも何度か来ていただいた。

最近はこんなこともよくおっしゃっていた。

「この症状はただの病気じゃなかですもんね。殺人ですよ。公害のなんのちゅう名前つけて、原因ははっきりしとります。チッソを公の機関と思ってる人たちがいるんでしょうか。いるんでしょうね。これはれっきとした犯罪です。これを取り締まらずして他の個人犯罪ばかりを追っかけるのは腑《ふ》に落ちんですよ。水俣の被害者は、こんな世間に、どれだけ遠慮していると思いますか、そうでしょ。家に訪ねて行っただけでそれは喜びなはりますよ。あの人たちは、人のなさけに飢えとりますよね。声かけただけで大恩を受けたと思いなはる。なんというか、じつに純な心をお持ちの方が多かですよ。みんな貧乏でねえ」

貧乏というや涙ぐみ、ふいに声を落とされた。

あの牧歌的な先生の胸の底に、直接ふれることはもう出来なくなった。

木村栄文（一九三五―二〇一一）

木村栄文（きむら・ひでふみ）

1935-2011　福岡県生まれ。1959年RKB毎日放送入社。ドキュメンタリー番組を手がける。文化庁芸術祭に10回参加、大賞などを6度受賞。代表的なドキュメンタリーに、「苦海浄土」（石牟礼道子原作）、テキ屋の世界に密着した「祭ばやしが聞こえる」、韓国の流行歌から日韓の近現代史に迫る「鳳仙花～近く遥かな歌声～」、太平洋戦争下における日米のジャーナリスト二人を描く「記者それぞれの夏～紙面に映す日米戦争～」などがある。

近代を問う同志として

木村栄文さんのドキュメンタリー「苦海浄土」（一九七〇年）の制作は長期にわたりました。原作者の私は「語りの美しさを作品にしたい、企画の段階から話し合いたい」と言われて、博多へ行った。ホテルに一カ月以上いたでしょうか、缶詰状態です。

私が台本を書き、ストーリーや構成を考え、少し段階が進むたびに栄文さんと打ち合わせをする。栄文さんは人の話を実によく聞いてくださる方で、我慢強く付き合ってくれる。構想を聞いては細かく質問してくる。真剣なその態度から、相当力を入れておられることがわかりました。栄文さんの気持ちに応えなければいけないと思った。

原作は水俣病の現実をぎゅっと凝縮して描いています。文学とテレビドキュメンタリーは別物ですから、当然、工夫がいる。例えば、原作にはひげそり名人と言われた人の語りがある。実際の言葉は、「あー」「うー」と聞きにくくて、ほとんどわからない。奥さんがいちいち通訳なさる。全部理解するにはすごく時間がかかる。

そこで、ドキュメンタリー向けの物語を作ろうと思った。瞽女《ごぜ》――水俣では「琵琶弾きさん」と呼んでいましたが――琵琶を弾いて家々を回って歌を歌い、喜捨を受ける女性のことですが、その瞽女を登場させた。作品のいわば案内役です。瞽女が患者さんの家を回るという手法で水俣病をとらえようと考えたのです。

栄文さんは瞽女役に女優の北林谷栄さん（故人）を起用した。患者さんのおられる家の門に立ってもらうのです。原作に登場する江津野杢太郎少年の家に行ってもらった。少年の家にはおばあちゃんがいましたからね。瞽女の応対の仕方に家風が出ます。ぶっつけ本番です。私も偶然来たかのような顔でその場にいました。瞽女にさし出すコメを米ビツの底からこさぐ音をぜひとも聞きたいと思った。案の定、おばあちゃんはおろおろして米ビツの底をこさぎ始めた。

それからおばあちゃんは、瞽女の北林さんが喜捨を受ける頭陀《ずだ》袋を持っていないのに気づいた。肝心のささげものをいただく袋も持たない。琵琶も弾けん、歌も歌えん。「かわいそうな瞽女さん」とおばあちゃんは同情なさったのでしょう。それならおれが踊ってみせようといいながら、素足ですっと庭におりて、踊り始めた。

腰巻きをひらひらさせながら実にいい構えで踊る。あのときのおばあちゃんの姿が目に焼き付いています。日本舞踊ではなく、その土地に固有の芸能というのか、演劇本能なのか、とにかく文字の文化に縁のない庶民の自己表現の、完結した型を見た思いでした。感動的でした。

一部始終を栄文さんは物陰からじっと見ておられた。カメラも北林さんやおばあちゃんを追っています。作品を作る過程で、栄文さんと意見が違ったことは全くありません。自然に作品ができていった。私とは違う領域の人だけど、違う領域だと感じたことは一度もありません。同志的連帯。表現者として一体感を感じていた。

気配りも行き届いていました。取材対象者だけでなく、スタッフへの目配りもちゃんとなさっている。若いカメラマンらは栄文さんに絶大な信頼を寄せています。取材チームが栄文さんの手足のようにきびきびと動くのが印象的でした。

ドキュメンタリーの完成後、栄文さんと会うこともなくなりました。二〇〇四年、私は四〇年がかりで『苦海浄土』三部作を完成させた。作品を書いている間ずっと「近代」を考えていました。どこから来て、どんな経過をたどり、どこへ行くのか、そんな近代の流れの中に水俣病がすっぽり入る。栄文さんのお仕事にも近代を問う目が常にあったように思います。

ドキュメンタリー「苦海浄土」は私にとっても大切な作品です。

もう一度お目にかかりたいと思っていた。自分の年（八十四歳――当時）を考えても、いつ死んでも不思議ではありませんからね。ああっ、先に逝かれてしまった、と思った。残念で仕方がありません。第一級の芸術家でした。（談）

（聞き手＝毎日新聞・米本浩二）

野呂邦暢（一九三七—一九八〇）

野呂邦暢（のろ・くにのぶ）

1937-1980　長崎県生まれ。小説家。自らの自衛隊体験や、戦後住んだ諫早市を舞台にした小説・随筆を数多く残した。1965年に「ある男の故郷」にて第21回文學界新人賞佳作となり小説家デビュー。73年、「諫早の自然を守る会」の代表となり、諫早湾干拓事業に反対の立場を示す。73年に自らの自衛隊員としての体験を基にした作品『草のつるぎ』が文芸誌『文學界』12月号に掲載され、この作品で翌年の第70回芥川賞受賞。

感性の詩人

わたしは野呂邦暢さんにお目にかかったことがなかった。二度ばかり電話でお話ししたきりであった。

それというのも三年前、『読売新聞』で往復書簡のやり取りをするについて、書けない分をお話しし合ったのである。

野呂さんは、芥川賞を受けられた『草のつるぎ』が、自衛隊を題材にしながら自衛隊批判をしていない、という評があるのをいささか気にしておられる感じがした。私自身は、隊員たちの存在感、その個々の肉体、等身大の人間たちがよく描けていて、勿論その者たちの家や故郷や今日的情況が、一人の隊員を肉体化することによって基本的に描出されている、と思っていたことだった。

『草のつるぎ』の前後の作品を読めば、氏がいかに物語りの人であるより感性の人であるかがよくわかる。そういう感性の人が、知識階級ではない純庶民を描くには、よほどに文章作法上のストイシズムを課せられるのであろうとわたしには思える。詩を志す人は、なるべく俗世から自分の感性をひきはがしながら、詩的空間を昂揚させる。野呂さんはそれと反対に、あまりに純な、外気に当てれば忽ち鼓動の打ち方が変調を来たすような感受性の持ち主であるため、それをむき出しにせぬよう、表出の様式を地上に近づけようとなさっていたように思われる。そのトレーニングには、ストイシズムの裏打ちが常になされていたと感じる。

野呂さんはだから、小説家を名乗られていたにしても、詩人の資質をまぬがれなかった方ではなかったか。それは氏の文学の強みであった。そのような資質と表現がもっとも美しい緊張と均衡を持って成ったのが、『諫《いさ》早《はや》菖蒲日記』（文藝春秋）ではあるまいか。

いったいもの書きが、書かずにおれぬという衝迫とは何だろう。『十一月　水晶』（冬樹社）に収められている「日が沈むのを」の中から、わたしの鼓動が感応しすぎて、とくとく、とくとく変調を来たす部分を抜いてみる。自殺未遂の若い女が病院のベッドの上で覚醒して、会社の帰りにイタリヤ映画を見た、ほんの一、二秒、スクリーンの中に吸い込まれそうになったという感覚を思い出している描写である。

——ひっそりとしたローマの屋敷町のとある一角に、くの字形に折れたせまい石畳道が伸び――あのひっそりとした路地を辿ってゆけば何かしらおののきなしには思い描くことのできないある場所へ導かれるように思われ――ローマの裏町と限らずこの世界のどこかにもう一つ向こう側の世界へ通じる道がある。

そのようなことを感じる主人公は――まだ明るい午後、映画館から外へ出たときの厭なまぶしい感じを思い出してただ呆然とする、（傍点筆者）ような質の人間である。何かしらおののきなしには思い描けないある場所とは、死と官能の一つになった所だとある。

もの書きが売文のためだけではなく、書くという衝動とは、この世への異和感に人格を与え、こうあって欲しい自他が、こうあって欲しい居住区を求めてそこに現われ出る、それを夢みずばやまないことだとわたしは思う。そのような生命のおののきを、野呂さんは人一倍持っておられた。それゆえ氏のたたずまいはとても端正に感ぜられていた。

新しい本が出るとその度に、毛筆の伸びやかな書体で、「海をへだてた隣人より」などと署名して送って下さった。

今その海の光の誘うかげに、野呂さんは作品と同化していらっしゃる。なつかしくも胸が疼いてならない。熱烈に、思っていたことを申しあげておけばよかった。

杉本栄子（一九三八—二〇〇八）

杉本栄子（すぎもと・えいこ）

1938-2008　熊本生まれ。網元の家に生まれ、3歳の頃から父に漁を習う。1959年、母が茂道で最初に水俣病で入院。69年父が水俣病で亡くなる。70年頃、夫の雄さんとともに入退院を繰り返す。家族で漁業を営みながら、生涯語り部として活動。胎児性・小児性水俣病患者の共同作業所「ほっとはうす」を運営する社会福祉法人「さかえの杜」初代理事長。田上義春、浜元二徳、緒方正人、石牟礼道子らと水俣病の経験を後世へ呼びかける「本願の会」を結成。

「私は魚——生きろうごたる」

杉本家はわたしにとってご高恩のある家である。

いつの何日であったかは覚えていない。そこが杉本という家だということもまだ知らなかった。

春先だったと思う。一軒の家の縁先におじいちゃんがおられた。縞木綿のねんねこを着て、背中に赤ん坊を入れ、おんぶして、あと二人、幼い男の子がまわりであそんでいた。庭にはイカカゴが三つ四つ置いてあった。のどかな景色にみえた。おじいちゃんの姿が、わたしの父親の、もっとも機嫌のよい時の姿にうり二つにみえた。狭い狭い通り道が家々に接している。

挨拶をしないとご無礼である。頭を下げた。おじいちゃんは赤ちゃんをゆすりあげてほほ笑まれた。

「あねさんな、どこから来たな」

「はい、とんとんから」

「ほう、とんとん。えらい遠うから来らしたな。また、何ばしに」

「はい、あの、茂道ちゅうところば探しに」

「茂道は、ここじゃがなぁ」

「あらぁ、ここですか。わたしは、あのう、うちの猫の子たちが、ここらあたりにお世話になっとるもんですから、姿見に」

「ほう、猫の子なぁ、うちにゃおらんばってん。そげんいや、とんとんあたりから貰い猫して来たが、死なせたち、誰かが言いよったなぁ。そりゃ気の毒。ここらあたりにゃ、猫の伝染病のはやってなぁ、近頃」

「やっぱり嘘じゃなかったですばいね。ここらあたりに貰うていただければ、猫もしあわせと、家中で喜んでおりましたですけど」

「そりゃ気の毒なぁ。よっぽど、猫ば大事にしなはる家ばいな」

「はい、犬も牛も馬も大事にします」

わたしはつつしんで答えた。おじいさんはたいそういい顔になって、孫の名を呼んだ。

「ほら、このあねさんな、猫ば見舞いに来なはったちぞ。あそこの家の猫はまだ生きとったか」

とその家の名を、まとわりついてくる孫に言った。

「もう死んだよ」

答えたのは、肇ちゃんだったか、優ちゃんだったか。

このおじいさんこそ栄子さんの養父・杉本進さんで、「また遊びにきなはる」と言ってくれた人であった。わたしの素性もきかず、猫の消息をきくだけではないのも、うすうす感じていらしたと思うが、何ともいえず懐かしい人柄にひかれて、時々お邪魔するようになった。

栄子さん・雄さんは昼間ほとんどお家にいらっしゃらなかった。病院か漁か、家の上のみかん山だったのだろうか。栄子さんご夫妻と、孫たちと進さんがご一家であるのを知るのはずっと後のことで、第一次訴訟派と支援者が、水俣市からバスに乗って熊本市の裁判所に通うようになってからわかった。

この時代の栄子さんは病状もひどかったのだろう。ひどく憔悴して声を出すのもやっとという姿にみえた。あとで想えば、まわりから陰に陽に白眼視され、迫害を受けておられたのであろう。

「杉本家が裁判を起こしたおかげで、茂道の魚が売れんごつなった」

というのがその理由であった。

網子たちも発病したりして来なくなった。家中皆、病人で、漁は出来ない。五人の息子たちはまだ役に立たない。困窮は極まったろう。唯一の頼りは雄さんの献身であった。栄子さんからたびたび聞いた。

「何《なん》でんな、してくるっとばい、何もかんも。炊事も洗濯も風呂も片づけも」

胸がどきんとするような声音で、

「体のことも、全部してくるっとばい」

と、耳近くでいわれたことが何べんもあった。それがどういうことだかわかるかな、と言いたげだった。

『栄子さん』というとき、人は誰でも、雄さんに寄り添われている栄子さんをイメージするにちがいない。

「不知火百年の会」をやりはじめたのはいつ頃からだったか。もう進さんは亡くなっておられた。このご夫妻にわたしはまず相談した。昭和三十年を境にして前後百年、不知火海はどう変ったか、変らなかったか、漁村は、漁は、町との関係は、人間は、生活は……。

「百年も語れちな……。変らんごたる気のする。父がいうて聞かせた言葉はな、変らんごたる。ただ水俣病は例外じゃ」

「こればっかりは例外じゃもんな」

不知火の会が本願の会になったのはどういうきっかけだったろう。

網子たちが来なくなった話をする度に、栄子さんは、

「子供たちが大きゅうなったら、一家中で船団組んで、網に出るぞ」

と度々いわれた。網に出られなかった時期のことが、よっぽどこたえていたとみえ、「船団」というとき、目を輝かせ、とても嬉しそうだった。みんな、どっとはしゃいで、「それにしても、よか男の子ばっかり育ったなぁ」と感嘆した。たくましく育った男の子たちが、それぞれの舟の舳先にすっくと立ち、茂道の港を出てゆくのをありありと思い浮かべてわたしたちも嬉しかった。

訴訟の進行中、夜中に少なからぬ足音が、とすとすとすと、無言で家をとり巻いていることがあった。

「おそろしゅうして、コタツの中にもぐりこんだ時もあったなぁ」

顔を見合わせながらご夫妻は語られた。殺意に近い憎悪が一家に押し寄せた。そういう夜々、進さんが家族におっしゃった。

「恨み返すなぞ、のさりち思えぞ」

『のさり』とは天のたまものの意である。迫害も「のさりと思え」と。裁判を決意なさったのは進さんだそうである。病人一家の上に、さらなる苦難がかぶさってくるのは覚悟の上で、心構えを説かれたのであったろう。しかし、「のさり」とは何とゆたかな表現だろうか。

「これがなぁ、一番むずかしか。恨み返すなちゅうことが」

このことをいうとき、かならず声も躰もふるえて、みるみる目蓋から涙がふきこぼれた。

「いったい誰がまぁ」

とたずねた。くぐもった声で答えられた。

「近かところにおっとばい。身内かもしれん」

本願の会には、びっこをひきひきよく来て下さった。数々の名言を吐かれた。

「人ば変えようち思わん方がよか。自分がまず変わらんば」

にがい体験がいっぱいつまった言葉である。

「あんな、知らんちゅうことは罪ばい」

鈍感な人間たちに数多く逢われたことだろう。

「このきつか躰で、人を恨めばさらにきつか。恨んで恨んで恨み死にするより、許そうち思う。チッソも許す。あそこにも、生きて考えとる人間のおる。水俣病はなぁ、守護神じゃもん……」

「水俣病になってよかったこともある。おかげで人に逢うた……。そげん思うたら、この茂道も人間も好きになった」

「魚の大群に逢うた時がいちばんいきいきする。わたしは魚《いお》ばい、きっと。わたしは魚《いお》」

栄子さんに「許す」といわれたからといって、チッソが許されるはずはない。「許す」と言ったその時から栄子さんはチッソだけでなく人間の罪を全部、わが身に引き受けられたのではないか。壮絶な闘病ぶりであった。亡くなる三日前にお見舞いに行った。

「生きろうごたる」といわれた。

「あの宝子たちがなぁ」というのが最後に聞いたことばだった。

「水俣病は守護神」とは、水俣の犠牲者たちが、命とひきかえに、今後の日本を護ってゆくのだという意味であろう。宝子とは水銀毒と共に生まれ出た胎児性の人々への、無限のいつくしみから出た遺言だと思う。

じつに美しい死顔だった。

あらゆる倫理が崩壊しつくしたかに見える現代で、栄子さんの生き方とその言葉は、人間という存在が、神格をもって一段高くよみがえるのを、視る心地がする。

ありし日を偲び　語らう

皆さん、こんばんは。

栄子さんおかえりなさい、こんばんは。

雄さん、こんばんは。

昨日は雄さんのお声を久しぶりに聞き、とてもなつかしゅうございました。

お二人そろっておられる時の、おもに栄子さんが楽しげに語っておられるのを雄さんがにこにこしてうなづいておられたお顔を思い出しました。

お台所の茶わんや鍋釜、ふとん、船の諸道具、いりこの製造機具、茂道の細い道、だんだん畑、栄子さんの目にふれたものすべてが沈んでゆく夕日とともに今も毎日息づいていています。この一年さぞさぞおさびしかったろうと思います。雄さんというこの世にふたりとない夫に支えられて栄子さんは、ああも生き生きと比類ない言葉を私達に残してゆかれたのだと思います。過酷過ぎたこの五十幾年。

「人ば恨むなぞ、のさりち思え。」

そう言いつづけられた父親進さんのお言葉。

「苦しんで苦しんで考えたっばい。チッソば許そうと。一時は呪い殺すぞち思わんでもなかったが、人ば恨めばもう苦しか、寝られんとばい。チッソが助からんことには私達も助からんと。」

体中でもだえながら度々そうおっしゃった。雄さんは深々とうなづいておられました。

「チッソば許すとは、いわゆる道徳者顔した人間の美辞麗句ではありません。それでチッソが悔い改めずにいて助かるはずはありません。」

人類が担ったことのない痛苦を日夜あたえられた人達の極限を越えた苦悶にくわえて加害者の罪をも引き受けたとおっしゃっているのです。

私は古今東西の宗教者をろくに知りませんがこれほど壮絶な「ゆるす」という言葉を聞いたことはありません。最後になるほど茂道が好き、人間が好き、海が好き、山が好き。ほんなこたまだ生きとろうごたっとばい。と言われた胸の中を思います。許すという言葉は、人間の罪を全部引き受けていますよという意味でもありましょう。その胸の底の、あるいは生身の総体で激烈な苦悶と戦いながらのお言葉でした。

今夜は特に栄子さんの魂の灯りで皆様のお顔がともし出されています。

栄子さんがひとしお煩悩をかけ大切にしておられたここ「ほっとはうす」を私は「水俣の魂の家」と呼んでおります。

「栄子さんを中心に、清子ちゃん、勇君、賢二君、雄二君、幸一郎君などなど若い人々とタケ子姉《あね》様の魂が寄りそって、それがまたこの家の独特の灯りになっていて、この家がある限り望み少ない日本の希望になっていくことでしょう。」

私は病床にあって残念ながら行けませんが、どうぞ楽しくお過ごし下さい。賑わいが目に浮かぶようです。

では、ごきげんよう。

二〇〇九年二月二十八日

熊本の山本病院にて

三回忌ごあいさつにかえて

おーい
船んもどってきた
船んもどってきたぞう
栄子さん家《げ》ん船ん
もどってきたぞう
栄子ばのせて
朝ん漁から

もどってきたぞう
おうい　栄子ぉぅ
今朝ん網は
どげんじゃったやあ

（栄子さんの声）
はぁい、栄子じゃがなあ
どもこも今朝は
船霊《ふなだま》さんたちの
早よから　にぎおうて
口々に言わすこつがなあ

栄子
もうお前が　三年忌ちゃ
もうよか　そんなら
不知火海の魚《いお》どまぜんぶ
みやげに乗せてゆけち
　　　　言わるもんで
もう　ぎゅうぎゅう
　　　　乗りきらんしこ
魚ば乗せてきました　おお
カラス共《どん》じゃね　まっ先に来たね
ほかの水鳥たちも総出して

口ばしそろえて　待っとったや
おれおれまあ　猫ん子も親猫も
走りまわって
そげん嬉しかや　茂道に帰るとの
そげんも嬉しかや　むりもなか
お前共が一番先に
死んだっじゃもね
…………
よかったよかった一緒にもどれて
…………

あれ、そこに居っとは茂道狐と茂道狸じゃが
まあまあ両手は
胸ん前にそろえて両足は一寸《いっすん》立《だ》ちして
お前どももそげん嬉しかや

わたし共が網に出とる間　病みたおれとった間
子供たちと遊んでくれて
ありがとうよ

あの世にまでも　その景色の
とどいておったがね　息子たちの
小《こ》まんか頃の景色のね

五人とも　おかげさまで
よかあ男に育ちました
茂道衆《んし》たちのおかげでございます

さあ、魚《いお》ばくばろ
あの世からきた魚もまじっとりますばってん
カラス共や水鳥たちも一緒に来たもんですけん、
ほら、狸も狐も出てきて
あいさつしなはり、今日は
快栄丸の日ぞ。
魚なら山んごつありますと。

そら　配って加勢しなはりよ。
そい、そい、そいそいそいそいそい。そい。
腹ん底ん冷ゆるまで、食うて拝用《はいよ》。

二〇一〇年　二月二十一日

栄子さんと道子との、心のやりとりの一部から。

栄子さんの命日に

お帰りなさい、栄子さん
雄《たけし》さんや、息子さんたちのところには、朝といわず、晩といわず、お帰りでしょうけれども、今日は私たちのために、とくに、ほっとはうすの、栄子さんを大好きな、若者たちのために、来てくださいまして、有難うございます。

栄子さんと私たちとは、立ち場が、まるで逆になっていて、お役に立ちたいと願っていた私たちの方が、実は栄子さん、あなたに救われていたのでした。

どんなにたくさんの人びとが、栄子さんのお姿を見、お声を耳にしたことを、一生のよろこびとしていることでしょうか。その栄子さんの、またとないお連れあいの雄さんを、伏し拝むような思いで、私たちはおつきあい願っております。

あなたはその晩年、雄さんと連れ立ってわたしの家にこられて、こうおっしゃいました。

「チッソの人たちを含めて、人の道を知らん人間たちば、全部赦《ゆる》すことにした……赦すことにしたら、だいぶ気の、楽になった。仕返えしばかり考えておった頃とくらべるとな、楽になった。

道子さん、つくづく考えてきたが知らんちゅうことは、罪ち思うがな。その身になってみろちゅうても、なかなか、なられん。わからん人間にはわからんとばい。成りかわるちゅうことは。こげん辛か病気には誰でもはかからんでよか。どっちみち治らんとなら、わたしが、人間の罪ば引き受けようと思うてなあ。人間の罪ば全部。毒殺された水俣病ば全部、引き受けて、守護神にしようちきめました」

人間たちが義理や人情を失い、絆をなくし、信義や徳をなくし、神も佛も見失って、この世は滅亡寸前と思われるこの時期に、現代の病いをわが身に引き受けた人の覚悟が、このような言葉となって出て来ました。栄子さんの言葉は、観音さまか菩薩さまの声かと思います。

栄子さんが可愛がっておられた若者たちは、特別、考えの深い、やさしい人間に育っております。語りあって、ゆっくり楽しく、遊んでいって下さい。私も栄子さんの心に一歩でも近づけるように、考え考え、書こうとしております。

茂道の観音さま

栄子さんへ

二〇一一年二月二十六日

久本三多（一九四六―一九九四）

久本三多（ひさもと・さんた）

1946-1994　東京生まれ。生後すぐ長崎に移る。1964年長崎大学経済学部入学。68年東京書籍入社、九州支社勤務。70年、葦書房を創業。1973季刊誌『暗河』（石牟礼道子・渡辺京二・松浦豊敏編集）創刊、発売元を引き受ける。『宮崎兄弟伝　日本編上下』（上村希美雄著、毎日出版文化賞）、『写真万葉録・筑豊』全10巻（上野英信・趙根在監修、日本写真協会年度賞）、『水俣病事件資料集』（水俣病研究会編、熊日出版文化賞特別賞）など。

永訣の挙手

維新の志士のように

ゆかりのあった人たちの訃報がよくとどく。もうその時期が来ていたのかと納得してひとり線香を立てる。次はそろそろあの人か、それともわたしかと想う。

久本三多さんの場合はそんなふうに平静ではいられなかった。肝臓の癌とわかってすぐ、ご本人から電話が来たのである。

「ご体調いかがですか。『十六夜橋』のお祝い、ゆけなくなってすみません。ちょっと病院の検査なんかありましたもので」

「まあ病院の検査。ああ、あのお祝いはしないいんです。それよりまた肝臓じゃありません？　お酒ふえすぎじゃないいんですか」

ははあ、と彼は笑った。おや、今日は吃《ども》っていない、と思いながらわたしは折よく見えていた共通の友人に受話器を渡した。三多さんの所からでないと『日本近代史』を出せない、とかねておっしゃる方である。やりとりの中に癌という言葉が飛び出した。やっぱりと思ったが動転した。並の縁ではなかった。

個人としても水俣のことでも有形無形、いや形として浮上しない配慮をどのくらいして頂いたことだろう。水俣のことが形を取りはじめてからさえ三〇年を越えるが、全期間どこかで働いて下さっていた。集会の場所や人数の確保、宿や食事の世話等々。まわりに多彩な助っ人たちがいた。その中の有志だったが、何もしてません、という顔をしていた。吃りさんだったのでどじにも見え、気が合ったが、この人じつは端正なのだとわたしは畏敬していたのである。

新聞広告など気をつけて見るようになった。よくあの『末期癌からの奇跡の生還』というのがあるではないか。生還の確率がこの人に当てはまらないか。神仏にも祈る気持だった。身内の方々はましてやそんなお気持だったろう。

お酒をおやめなさいよと言い続けたことも今は空しい。肝臓の徴候が出たとき徹底的に養生すればいま少し生きれたのに、と甲斐ないことをわたしたちは言っては無口になった。三多さんは粗忽なところもあったから、最後のそれが命とりになったのねと思うと、いよいよ愛すべき人に思えてくる。よくあれで出版社の社長なんぞという難事業がこなせたものだと思うけれども、あの人は維新の志士のような目付でいたので、相手は気を呑まれて、肩入れしてしまうのかも知れなかった。

病状の推移は、経営上の相談もしていた三原浩良さんからもご本人からも度々電話で知らされた。こちらからも尋ねては度々お見舞いに行った。熊本の専門家にも症状を分析してもらったが、希望や奇跡など、全く望めない進行具合だったのである。

癌であるとは知らされていたようだったが、絶体絶命の破局が目前に迫っているとは、死の四、五日前までは知らされていなかった。

三月の末であったか、二度目の電話が三多さんからかかって来た。福岡市民病院からだった。肝臓に出来た静脈瘤の手術のあと、家にちょっと帰ってよい、といわれたとのこと、それで近くの大濠公園まで、足ならしに行ってきたと、朗らかな声でいうのであった。家に帰れるのはどんなに嬉しかろう。

「それでね、煙草を吸って来たんです」

「あら、煙草、煙草おいしいですか」

わたしは煙草を吸わないので頓狂な受け応えになる。「そんなによくなってようございましたこと」

「ええ、花もね、見て来ようと」

「ああそうだ、世の中は花ですものね」

「ひょっとして見納めかもしれないんで、風流ってやつを、ちょっとやって見ようかと」

透明な微笑を含んだ声だった。

「いかがでした、そこの公園の花」

「いやあ、いい眺めでしたねえ、おかげさまで」

どなたが介添してゆかれたのだろうか、まだ伺っていない。わたしが伺う時いつも母上が付添っておられた。美しいお方である。物蔭で泪を拭いては、自分より先に逝く息子の脛をさすっておられた。死の床についてから三多さんは挙手の礼をした。上体を起こそうとしてままならないものだから頭を僅かに上げ、ぱっと右手をさばいてじつに美しい挙手をする。目尻の切れ上がった眸《ひとみ》が澄んで永訣の思いを告げていた。かっこよがりの三多さんのきわめつけの姿がまなうらから離れない。

初出一覧

＊タイトルは変更した場合があります

無常の使い――序にかえて　『朝日新聞』二〇〇六年八月五日。
死んだ先生に電話をかける　『朝日ジャーナル』一九八一年三月二十七日号（『石牟礼道子全集　不知火』第一四巻、藤原書店、二〇〇八年、所収）。
わがじゃがたら文より　『告発』一九七〇年十一月号（『石牟礼道子全集　不知火』第一四巻、所収）。
前世の出逢い　『沖縄文化研究』二二　法政大学沖縄文化研究所紀要一九九六年二月一日。
先生は生きておられる　「月刊百科」二〇〇七年一月号。
別の世からの使徒――ありし日の水俣で　『毎日新聞』夕刊二〇〇六年八月三日。
社会学理論を裏づける日本的情趣　『環』二八号・二〇〇七年一月刊。
生きるよすがをよみがえらせた方　『環』三五号・二〇〇八年十月刊。
玲瓏たる水脈　『橋川文三著作集　三巻』（月報）、筑摩書房、一九八五年十月（『石牟礼道子全集不知火』第一四巻、所収）。

み民われ生けるしるしあり　『毎日新聞』一九八七年十一月二十四日（『石牟礼道子全集　不知火』第一四巻、所収）。

ひかりの露に　『アサヒグラフ』一九八七年十二月二十五日号（『石牟礼道子全集　不知火』第一四巻、所収）。

追悼文　『こみち通信』一五号、一九八八年四月（『石牟礼道子全集　不知火』第一四巻、所収）。

お茶碗洗われる英信さん　『西日本新聞』一九九三年十一月二十八日（『石牟礼道子全集　不知火』第一四巻、所収）。

在りし日のこと　『西日本新聞』一九九五年二月七日（『石牟礼道子全集　不知火』第一四巻、所収）。

護　符　『すばる』一九九五年四月号（『石牟礼道子全集　不知火』第一四巻、所収）。

反近代への花火　『現代詩手帖』二〇〇二年四月号（『石牟礼道子全集　不知火』第一四巻、所収）。

奥さまのご苦労は　『本田啓吉先生遺稿・追悼集』二〇〇七年四月刊

光晴さん無念　『狼火はいまだあがらず——井上光晴追悼文集』影書房、一九九四年五月（『石牟礼道子全集　不知火』第一四巻、所収）。

鈴鉦のひびき　『熊本日日新聞』一九九三年七月二十三日夕刊（『石牟礼道子全集　不知火』第一四巻、所収）。
光芒を放った日常　『日本経済新聞』二〇〇八年六月二十八日。
やさしい阿修羅　『朝日新聞』二〇〇八年七月二日。
天の微光の中に　『潮』一九八七年四月号（『石牟礼道子全集　不知火』第一四巻、所収）。
田上義春さんを悼む　『熊本日日新聞』二〇〇二年七月十日（『石牟礼道子全集　不知火』第一四巻、所収）。
川本輝夫さんを悼む　『朝日新聞』一九九九年二月二十三日（『石牟礼道子全集　不知火』第一六巻、所収）。
小さな声の宇井純さん　「季刊水俣支援東京ニュース」二〇〇七年七月二十五日号（宇井紀子編『ある公害・環境学者の足取り』に再録）
病の中、能で示した免疫論　『朝日新聞』二〇一〇年四月二十四日。
孤　城　『環』四二号・二〇一〇年七月刊。
含羞に殉ず　『腐蝕の風景――八田昭男遺稿集』（リーフレット）、海鳥社、一九八七年（『石牟礼道子全集　不知火』第一四巻、所収）。

収)。
水俣病患者支え続けた笑顔　『朝日新聞』二〇一一年六月十九日。
近代を問う同志として　『毎日新聞』西部本社版、二〇一一年三月二十八日。
感性の詩人　『青春と読書』一九八〇年七月号（『石牟礼道子全集　不知火』第一四巻、所収)。
「私は魚——生きろうごたる」　『魂うつれ』第三三号・二〇〇八年四月刊。
ありし日を偲び　語らう　『魂うつれ』第三七号・二〇〇八年四月刊。
三回忌ごあいさつにかえて　『魂うつれ』第四一号・二〇一〇年四月刊。
栄子さんの命日に　『魂うつれ』第四五号・二〇一一年四月刊
永訣の挙手　『毎日新聞』一九九四年六月十七日夕刊（『石牟礼道子全集　不知火』第一四巻、所

編集後記

石牟礼道子さんは一九二七（昭和二）年三月一一日のお生まれ。今年、卒寿を迎えられる。本書は、石牟礼さんより四十歳年長の荒畑寒村氏から、十九歳年下の久本三多氏まで、生前縁の深かった二三人の方々に捧げられた悼詞を集成したものだ。

なかでも鶴見和子さんとは、私も格別のご縁があり思い出深い。一九九九年一月に『コレクション 鶴見和子曼荼羅』（全九巻）が完結し、鶴見さんの意向で「対話まんだら」シリーズを企画した。そのトップバッターに鶴見さんが指名したのが、石牟礼道子さん。

石牟礼さんと鶴見さんの出会いは、石牟礼さんの呼びかけで一九七六年、不知火海総合学術調査団（団長は色川大吉氏）の一員として鶴見さんが水俣入りしたときに遡る。その対話は、『言葉果つるところ』という作品となって見事に結実した。鶴見さんはその時の思い出として、石牟礼さんのお宅で「魂《たましい》入れ」の儀式が行なわれたことを語っている。地元の新鮮な海の幸や山の幸を使い、石牟礼さんのお母様による心づくしの手料理がふるまわれた。

もう一人縁の深い方に、多田富雄さんがいる。石牟礼さんが新作能「不知火」を書かれて、二〇〇二年東京の国立能楽堂で初公演された時のことを、多田さんは「あれはなんだったかと今でも思う。心の中では、これは違う、能ではないと否定していながら、感動に胸が打ち震えていたのを覚えている。この作品では、能としての整合性などよりは、水俣の悲劇の生き証人としての石牟礼さんの心の裏に流れる、鎮魂の響き、再生への祈りが聞こえさえすればよいのだ」と語る。この時すでに倒れておられた多田さんと石牟礼さんの対話を何とか実現したいと思い、往復書簡でお二人の魂の交感が『言魂』として結実した。

この十五年、石牟礼さんとお付き合いさせていただいた。伺うと、今もご不自由なお体ながら「食べごしらえ　おままごと」で迎えて下さる。石牟礼さんは、そうやって、私に「魂入れ」をしてくれているのかもしれない。ありがたいことである。深謝。

二〇一七年立春

藤原良雄

著者紹介

石牟礼道子（いしむれ・みちこ）

1927年3月11日、熊本県天草郡に生れる。詩人。作家。
1969年に公刊された『苦海浄土』は、水俣病事件を描いた作品として注目され、第1回大宅壮一ノンフィクション賞となるが、辞退。1973年マグサイサイ賞、1993年『十六夜橋』で紫式部文学賞、2001年度朝日賞を受賞する。2002年度は『はにかみの国——石牟礼道子全詩集』で芸術選奨文部科学大臣賞を受賞。2002年から、初作品新作能「不知火」が、東京・熊本・水俣で上演される。石牟礼道子の世界を描いた映像作品「海霊の宮」（2006年）、「花の億土へ」（2013年）がある。『石牟礼道子全集　不知火』（全17巻・別巻1）が2004年4月から刊行され、10年の歳月をかけて2014年5月完結する。この間に『石牟礼道子・詩文コレクション』（全7巻）が刊行される。『最後の人　詩人 高群逸枝』『葭の渚——石牟礼道子自伝』『花の億土へ』『不知火おとめ』『石牟礼道子全句集　泣きなが原』（俳句四季大賞）他、多田富雄との往復書簡『言魂』、高銀との対話『詩魂』、宮脇昭との対話『水俣の海辺に「いのちの森」を』など。

無常《むじょう》の使《つか》い

2017年3月11日　初版第1刷発行©
2017年5月31日　初版第2刷発行

著　者　石牟礼道子
発行者　藤原良雄
発行所　株式会社 藤原書店

〒162-0041　東京都新宿区早稲田鶴巻町523
電　話　03（5272）0301
FAX　03（5272）0450
振　替　00160-4-17013
info@fujiwara-shoten.co.jp

印刷・製本　中央精版印刷

Printed in Japan
ISBN978-4-86578-115-1

❸ **苦海浄土** ほか　第3部 天の魚　関連エッセイ・対談・インタビュー
「苦海浄土」三部作の完結！　解説・加藤登紀子
608頁 **6500円** ◇978-4-89434-384-9（2004年4月刊）

❹ **椿の海の記** ほか　エッセイ 1969-1970　解説・金石範
592頁 **6500円** ◇978-4-89434-424-2（2004年11月刊）

❺ **西南役伝説** ほか　エッセイ 1971-1972　解説・佐野眞一
544頁 **6500円** ◇978-4-89434-405-1（2004年9月刊）

❻ **常世の樹・あやはべるの島へ** ほか　エッセイ 1973-1974　解説・今福龍太
608頁 **8500円** ◇978-4-89434-550-8（2006年12月刊）

❼ **あやとりの記** ほか　エッセイ 1975　解説・鶴見俊輔
576頁 **8500円** ◇978-4-89434-440-2（2005年3月刊）

❽ **おえん遊行** ほか　エッセイ 1976-1978　解説・赤坂憲雄
528頁 **8500円** ◇978-4-89434-432-7（2005年1月刊）

❾ **十六夜橋** ほか　エッセイ 1979-1980　解説・志村ふくみ
576頁 **8500円** **在庫僅少**◇978-4-89434-515-7（2006年5月刊）

❿ **食べごしらえ おままごと** ほか　エッセイ 1981-1987　解説・永六輔
640頁 **8500円** **在庫僅少**◇978-4-89434-496-9（2006年1月刊）

⓫ **水はみどろの宮** ほか　エッセイ 1988-1993　解説・伊藤比呂美
672頁 **8500円** ◇978-4-89434-469-3（2005年8月刊）

⓬ **天　湖** ほか　エッセイ 1994　解説・町田康
520頁 **8500円** ◇978-4-89434-450-1（2005年5月刊）

⓭ **春の城** ほか　解説・河瀬直美
784頁 **8500円** ◇978-4-89434-584-3（2007年10月刊）

⓮ **短篇小説・批評**　エッセイ 1995　解説・三砂ちづる
608頁 **8500円** ◇978-4-89434-659-8（2008年11月刊）

⓯ **全詩歌句集** ほか　エッセイ 1996-1998　解説・水原紫苑
592頁 **8500円** ◇978-4-89434-847-9（2012年3月刊）

⓰ **新作 能・狂言・歌謡** ほか　エッセイ 1999-2000　解説・土屋恵一郎
758頁 **8500円** ◇978-4-89434-897-4（2013年2月刊）

⓱ **詩人・高群逸枝**　エッセイ 2001-2002　解説・臼井隆一郎
602頁 **8500円** ◇978-4-89434-857-8（2012年7月刊）

別巻 **自　伝**　〔附〕未公開資料・年譜　詳伝年譜・渡辺京二
472頁 **8500円** ◇978-4-89434-970-4（2014年5月刊）

"鎮魂"の文学の誕生

「石牟礼道子全集・不知火」プレ企画

不知火《しらぬひ》

〔石牟礼道子のコスモロジー〕

石牟礼道子・渡辺京二
大岡信・イリイチほか

インタビュー、新作能、童話、エッセイの他、石牟礼文学のエッセンスと、気鋭の作家らによる石牟礼論を集成し、近代日本文学史上、初めて民衆の日常的・神話的世界の美しさを描いた詩人の全体像に迫る。

菊大並製　二六四頁　二二〇〇円
（二〇〇四年二月刊）
◇978-4-89434-358-0

ことばの奥深く潜む魂から"近代"を鋭く抉る、鎮魂の文学

石牟礼道子全集
不知火

(全17巻・別巻一)

Ａ５上製貼函入布クロス装　各巻口絵２頁

表紙デザイン・**志村ふくみ**　各巻に解説・月報を付す

〈推　薦〉**五木寛之／大岡信／河合隼雄／金石範／志村ふくみ／白川静／瀬戸内寂聴／多田富雄／筑紫哲也／鶴見和子**（五十音順・敬称略）

◎本全集の特徴

■『苦海浄土』を始めとする著者の全作品を年代順に収録。従来の単行本に、未収録の新聞・雑誌等に発表された小品・エッセイ・インタヴュー・対談まで、原則的に年代順に網羅。

■人間国宝の染織家・志村ふくみ氏の表紙デザインによる、美麗なる豪華愛蔵本。

■各巻の「解説」に、その巻にもっともふさわしい方による文章を掲載。

■各巻の月報に、その巻の収録作品執筆時期の著者をよく知るゆかりの人々の追想ないしは著者の人柄をよく知る方々のエッセイを掲載。

■別巻に、詳伝年譜、年譜を付す。

本全集を読んで下さる方々に　　石牟礼道子

わたしの親の出てきた里は、昔、流人の島でした。

生きてふたたび故郷へ帰れなかった罪人たちや、行きだおれの人たちを、この島の人たちは大切にしていた形跡があります。名前を名のるのもはばかって生を終えたのでしょうか、墓は塚の形のままで草にうずもれ、墓碑銘はありません。

こういう無縁塚のことを、村の人もわたしの父母も、ひどくつつしむ様子をして、『人さまの墓』と呼んでおりました。

「人さま」とは思いのこもった言い方だと思います。

「どこから来られ申さいたかわからん、人さまの墓じゃけん、心をいれて拝み申せ」とふた親は言っていました。そう言われると子ども心に、蓬の花のしずもる坂のあたりがおごそかでもあり、悲しみが漂っているようでもあり、ひょっとして自分は、「人さま」の血すじではないかと思ったりしたものです。

いくつもの顔が思い浮かぶ無縁墓を拝んでいると、そう遠くない渚から、まるで永遠のように、静かな波の音が聞こえるのでした。かの波の音のような文章が書ければと願っています。

---

❶ **初期作品集**　　解説・金時鐘

664頁　**6500円**　◇978-4-89434-394-8（2004年7月刊）

❷ **苦海浄土**　第１部 苦海浄土　第２部 神々の村　　解説・池澤夏樹

624頁　**6500円**　◇978-4-89434-383-2（2004年4月刊）

未発表処女作を含む初期作品集!

不知火おとめ

(若き日の作品集1945–1947)

石牟礼道子

戦中戦後の時代に翻弄された石牟礼道子の青春。その若き日の未発表の作品がここに初めて公開される。十六歳から二十歳の期間に書かれた未完歌集『虹のくに』、代用教員だった敗戦前後の日々を綴る「錬成所日記」、尊敬する師宛ての手紙、短篇小説・エッセイほかを収録。

Ａ５上製　二一六頁　**口絵四頁**　**二四〇〇円**
（二〇一四年一一月刊）
◇978-4-89434-996-4

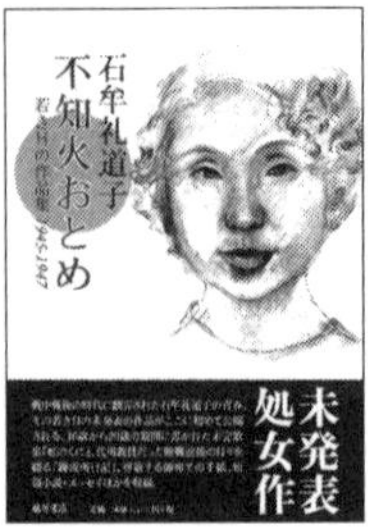

半世紀にわたる全句を収録!

石牟礼道子全句集

泣きなが原

石牟礼道子

詩人であり、作家である石牟礼道子の才能は、短詩型の短歌や俳句の創作にも発揮される。この半世紀に石牟礼道子が創作した全俳句を一挙収録。幻の句集『天』収録!

祈るべき天とおもえど天の病む
さくらさくらわが不知火はひかり凪
毒死列島身悶えしつつ野辺の花

[解説]「一行の力」黒田杏子

Ｂ６変上製　二五六頁　**二五〇〇円**
（二〇一五年五月刊）
◇978-4-86578-026-0

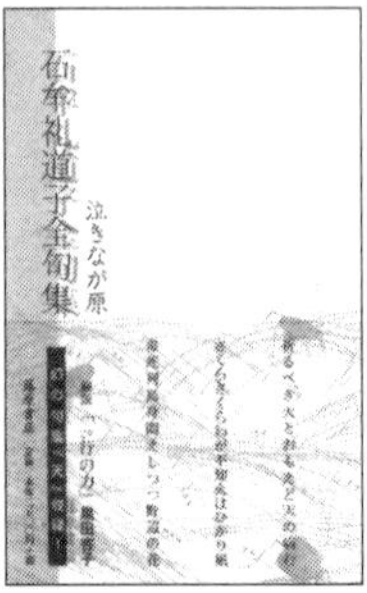

石牟礼道子を一〇五人が浮き彫りにする!

花を奉る

(石牟礼道子の時空)

赤坂憲雄／池澤夏樹／伊藤比呂美／梅若六郎／永六輔／加藤登紀子／河合隼雄／河瀬直美／金時鐘／金石範／佐野眞一／志村ふくみ／白川静／瀬戸内寂聴／多田富雄／土本典昭／鶴見和子／鶴見俊輔／町田康／原田正純／藤原新也／松岡正剛／米良美一／吉増剛造／渡辺京二ほか

四六上製布クロス装貼函入
六二四頁　**口絵八頁**　**六五〇〇円**
（二〇一三年六月刊）
◇978-4-89434-923-0

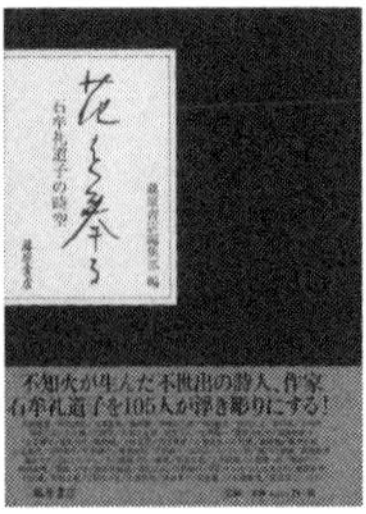

『苦海浄土』を母権思想の視点から論じる

『苦海浄土』論

(同態復讐法の彼方)

臼井隆一郎

「わたしには、水俣病闘争が人類の存亡を賭けた母権闘争と見えてきた」――ドイツ文学の研究者である著者が、石牟礼道子『苦海浄土』で提示された「宗教以前の世界」をバッハオーフェンの先史母権社会と結びつけ、同態復讐法を超えた境地を見出す。

四六上製　二八八頁　**三二〇〇円**
（二〇一四年八月刊）
◇978-4-89434-930-8